昔ばなしの謎

あの世とこの世の神話学

古川のり子

角川文庫
19986

はじめに

かつては日本の人ならみんな知っている「昔ばなし」があった。けれど今の子どもたちはほとんど昔ばなしを知らず、もちろん大人たちからも見捨てられて久しい。生き残っているのはいくつかの有名な昔ばなしだけだ。

桃太郎はなぜ犬と猿と雉《きじ》を連れて鬼ヶ島へ行ったのか。かちかち山のタヌキへの復讐《ふくしゅう》は残酷すぎるのではないか。なぜ浦島太郎は玉手箱を開けて死ななくてはならないのか。昔ばなしはたしかに不合理で、わけの分からない薄っぺらな話に見える。しかしそれは現代の私たちが、話の意味を忘れ理解できなくなってしまったからなのだ。

昔ばなしは主に口伝えで語り継がれ、それぞれの土地の風土に合わせ長い時間をかけて変化し続けてきた。それでも昔ばなしには、じつは『古事記』『日本書紀』などの古代の神話にさかのぼるような、世界や人間についての古い考え方が多く残されている。昔ばなしと神話の背後には共通する世界観の土台があり、両者は同じ土壌のうえに花を咲かせているのである。

本書は、昔ばなしのなかに神話の足跡をたどりながら、昔ばなしが本来もっていた豊かな意味を取りもどしていく試みである。

目次

本文レイアウト　五十嵐 徹

第一話

桃太郎

桃太郎はなぜ犬と猿と雉を連れていくのか

昔々あるところに、おじいさんとおばあさんがいました。
おじいさんは山へ柴《しば》刈りに、おばあさんは川へ洗濯にいきました。
おばあさんが川で洗濯をしていると、大きな桃が流れてきました。
家で桃を割ると、なかから男の子が生まれました。
男の子は桃太郎と名づけられ、大切に育てられましたが、
ある日、鬼退治にいくといって、おばあさんに黍《きび》団子をつくってもらいました。
桃太郎は旅の途中で出会った犬、猿、雉《きじ》をお供にして、鬼ヶ島へ向かいます。
桃太郎は鬼を退治し、宝物をもって帰り、
おじいさんとおばあさんと末永く幸せに暮らしましたとさ。

なぜ桃から生まれたのか

爺《じい》は柴刈《しばか》りに、婆《ばあ》は川へ洗濯《せんたく》に行く。青い桃と赤い桃が流れて来る。婆は赤い桃を呼んで拾ってくる。戸棚にしまっておき、爺が帰ったので割ろうとすると桃が裂け赤ん坊が出て来る。吉備団子《きびだんご》を食べさせると大きくなる。吉備団子をもって鬼征伐に鬼《おに》が島《しま》へ行く。犬が来て吉備団子をもらい供になる。猿《さる》、雉《きじ》も家来《けらい》になって行く。鬼は門を開けないので雉が中に入り、嘴《くちばし》で鬼を追い出して戸を開ける。猿がひっかき犬がかみつき桃太郎は鬼退治をする。鬼は宝物を出して降参する。犬は引き出し、雉は縄引き、猿は後押しをして帰る。

(宮城県栗原郡　関敬吾『日本昔話大成』3、角川書店、一九七八年)

「桃太郎」はだれもが知っている、日本を代表する昔ばなしの一つだ。いろいろな研究があるが、室町《むろまち》時代末期までには口承の昔ばなしとして基本的なかたちが成立したと考えられている。江戸時代初期にはじめて文字化され、中期には赤本《あかほん》・黄表紙《きびょうし》・絵巻《えまき》・錦絵《にしきえ》などによって広く流布し、明治時代には国定教科書に採用されている（滑川道夫『桃太郎像の変容』東京書籍、一九八一年／柳田国男『桃太郎の誕生』角川書店、一九五一年など）。

桃太郎研究についてみてみよう。王秀文氏は、古代中国の桃信仰を論じたうえで、日本の「桃太郎」の成立について考察した（王秀文『桃の民俗誌』朋友書店、二〇〇三年）。中国で桃は、崑崙山《こんろんさん》の主人である女仙《じょせん》・西王母《せいおうぼ》がもつ果物で、三〇〇〇年に一度実を結ぶ、長生《ながいき》の仙果である。また、東海中の度朔山《どさくざん》にある桃の巨木の枝のあいだを鬼門《きもん》といい、そこは万鬼が出入りする所で、二人の神人がそこで鬼を退治すると伝えられている。

王氏によると、古代中国において桃は生命力の象徴であり、女性の生殖力と結びついて、豊饒《ほうじょう》と春の生命の再生を表す。また、桃の木は陰（死）と陽（生）の境にあって、旺盛《おうせい》な生命力で病魔や邪気や鬼を祓《はら》い、生を助けるという。王氏はこのような桃の役割を、古代日本の黄泉《よみ》の国《くに》訪問神話に登場する桃の働きと重ねている。

『古事記』（八世紀）によると、伊耶那岐命《いざなきのみこと》（イザナキ）は死んだ妻伊耶那美命《いざなみのみこと》（イザナミ）を連れもどそうと黄泉の国に赴くが、死の女神となってしまった妻の姿を覗《のぞ》きみて逃げ出す。黄泉の国の軍勢に追われ、やっと地上（生）世界との境目である黄泉《よも》つ比良坂《ひらさか》にたどり着くと、そのふもとに桃の木が生えていたという。

月岡芳年「芳年略画 桃太郎鬼ケ島行」明治15年、国立国会図書館蔵

イザナキが黄泉つ比良坂に着いたとき、そのふもとに生えていた桃の実を三つとって投げつけると、追っ手はみな逃げ帰っていった。そこでイザナキはその桃の実に「おまえは、私を助けたように、地上の葦原《あしはら》の中《なか》つ国《くに》に住むすべての人間たちが苦しい目にあって悩むときには助けてやりなさい」といい、意《お》富《ほ》加牟《かむ》豆《づ》美命《みのみこと》という名を授けた。

（古事記）

ここで桃の木は生（陽）と死（陰）の境に立ち、イザナキとイザナミの争いにおいて黄泉軍を撃退し生者の方を助けたとされている。王氏によれば、この神話には古代中国の桃信仰がとり込まれており、桃太郎の昔ばなしはこの神話をふまえて生み出されたもので、桃の呪力を発揮する桃の子が鬼退治をする物語であるという。中国にも日本にも三月に桃の節句があるが、王氏が指摘するように、陰（冬）と陽（春）が激しく対立するこの季節を迎えるたびに、桃は陽気で陰気を祓《はら》い、生命を再生させるために活躍すると考えられてきたのだろう。

桃太郎の従者たち

桃太郎が強い陽気（生命力）を代表する者だとすれば、なぜ彼は鬼ヶ島へ一人では行かず、三匹の従者を連れていったのだろうか。この三匹を「犬、猿、雉」とすることは、日本中の伝承でほぼ共通している。

吉野裕子氏はこれについて、陰陽五行思想の立場から解釈を試みた。桃は金気の果実で、西方の象徴であり、金気は五気のなかでもっとも強く堅固である。また、犬は十二支の「戌《いぬ》」、雉は「酉《とり》」、猿は「申《さる》」で、金気の方角（西）を形成する。桃太郎は自分と同じ金気の者を家来としたので、強い大将になったという。

これも面白い解釈であるが、ここでは、桃太郎の三匹の従者それぞれの役割と、「犬、猿、雉」の三種類でなければならなかった理由を、これらの動物が古代神話のなかで担っていた意味を探ることによって明らかにしていきたい。

犬——英雄を導くもの

犬は人類が最初に家畜化した動物で、人類のもっとも古い友である。日本でも縄文《じようもん》時代からすでに飼育され、とくに狩猟のパートナー、番犬として活躍した。縄文犬が埋葬されている例は各地に多いという（谷口研語『犬の日本史』ＰＨＰ研究所、二〇〇〇年など）。『播磨国風土記《はりまのくにふどき》』（託賀郡伊夜丘《たかのこおりいやおか》）にも、応神天皇の猟犬・麻奈志漏《まなしろ》が猪と戦って死んだので、墓をつくって葬ったという話がある。

かわいがられた犬は、主人に忠誠を尽くす。たとえば『日本書紀』には、このような話が伝えられている。物部守屋《もののべのもりや》に忠義を尽くした従者・捕鳥部萬《ととりべのよろづ》は、朝廷の軍と最後まで激しく戦い、ついに自害した。朝廷から「萬を八つに切って八国にばらまき、串刺《くしざ》しの刑に処せ」との命が下ったとき、萬の飼い犬が現れて主人の屍を守ったという。

萬が飼っていた白犬が、首を上げ下げしつつその屍《しかばね》のまわりをまわって吠えた。そして屍の頭をくわえて古い墓におさめ、枕のかたわらに横たわりその前で餓死した。

河内《かわち》国司はこれを不思議に思い、朝廷に申し上げた。朝廷はとてもあわれに思ってこれを称《たた》え、「このような犬は世にも珍しく、後世に伝えるべきである。萬の一族に命じて墓をつくり葬らせよ」と命じた。それで萬の一族は有真《ありま》香邑《かのむら》に墓を二つならべてつくり、萬と犬を葬った。

（日本書紀　崇峻即位前）

桜井田部連胆淳《さくらゐのたべのむらじいぬ》の飼い犬も、すでに見分けもつかなくなった数百もの死骸のなかから主人の遺骸をくわえ、それが引きとられるまで守っていたと伝えられている（日本書紀　崇峻即位前）。犬は、人間に対してきわめて忠実な家畜だと考えられてきたことがよくわかる。

とはいえ、犬はやはりそのなかに野性を秘めている。たとえば暴虐の限りを尽くす反逆者・文石小麻呂《あやしのをまろ》は、天皇の軍勢に囲まれて火を放たれるやいなや白い犬と化す。

そのとき火炎のなかから白い犬が飛び出して、大樹臣《おほきのおみ》（小野臣大樹）を追った。その大きさは馬のようだ。大樹臣が顔色も変えずに刀を抜いて斬ると、文石小麻呂になった。

（日本書紀　雄略十三年秋八月）

動物でありながら人間の文化のなかで生活をしてきた犬は、自然と文化のちょうど中間に位置していると考えられてきたのだろう。また犬は、死者の腐肉を食らう生き物でもある。体を通して屍肉を浄化しあの世に送り込む犬は、あの世とこの世を結びつける働きをするともみなされてきた。斉明天皇の世に、犬が死者の腕をくわえて神社に現れたことが、次のように記されている。

犬が死人の腕をくわえて、言屋の社においた。言屋はイフヤという。天子が崩御《ほうぎょ》する前兆である。

（日本書紀　斉明五年是歳）

犬が出現した言屋の社（島根県八束郡揖屋神社）は、「伊賦夜坂《いふやざか》」があったとされる所である。『古事記』によると伊賦夜坂とは、黄泉の国とこの世をつなぐ黄泉つ比良坂のことであるという。この犬は黄泉の国との境目で、死者をあの世へ導こうとしているかのようだ。

その一方で日本武尊の伝説では、荒ぶる山の神が支配する他界からこの世へと、一匹の白い犬が彼を導いたと伝えられている。

山の神がヤマトタケルを苦しめようとして、白い鹿となって現れた。ヤマトタケルがニンニクを投げると、その眼にあたって鹿は死ぬ。するとたちまち道に迷い、山の出口がわからなくなった。そのとき白い犬が現れて彼を導くので、そのあとに従って行くと美濃《みの》に出ることができた。

(日本書紀　景行四十年)

犬は、あの世とこの世の境界にあって、そこを通る人を導く。かつて朝廷に仕えた隼人《はやと》たちは、天皇の行幸《ぎょうこう》に同行し、国境や山川道路の曲がり角などで「犬の吠え声」を発したとされている(延喜式　隼人司)。これも、そのような危険な境界領域における犬の「仲介の力」を期待するものだと思われる。

ところで『肥前《ひぜん》国風土記』(養父《やぶ》郡)には、妊娠した女性をみて犬が鳴きやんだという話がある。出産する女性や子どもと犬の結びつきは強く、今日でも安産を願って妊娠五ヵ月目の「戌の日」に岩田帯《いわたおび》を締めたり、生まれた赤児のかたわらに魔除けの犬張子《いぬはりこ》をおいたり、額に犬の字を書く習慣などがある。これらは犬の安産・多産の力にあやかるためだと説明されるが、おそらくそれだけではない。子どもの魂は、女性の身体を通ってあの世からこの世へやってくると考えられていた。犬はその道中に連れ添って、子どもと女性の安全を守ると考えられていたのだろう。犬は、死者をあの世に連れていく一方で、異界に迷う英雄や、生まれてくる子ども、出産する女性をこの世へ導き出してもくれるのだ。

犬はまた、人間にはみえない自然のなかの宝物を発見してこの世にもたらすことがある。昔ばなし「花咲爺さん（第三話）」の飼い犬は、おじいさんに土のなかの大判小判を与えてくれたが、『日本書紀』にも次のような話がある。

昔、丹波国の桑田村に甕襲《みかそ》という人がいて、犬を飼っていた。名を足往《あゆき》という。この犬が山のムジナを食い殺すと、その獣の腹から八坂瓊《やさかに》の勾玉《まがたま》が出たので献上した。この玉は、いまは石上神宮《いそのかみじんぐう》にある。

（日本書紀　垂仁八十七年）

ほかにも、朝廷に献上される鉄の鉱脈を最初に発見したのは「別部《わけべ》の犬」という名の人だった（『播磨国風土記』讃容郡《さよ》）。蛇のように伸び縮みする不思議な剣をみつけたのは「苫編部《とまあみべ》の犬猪」という名の人だとも伝えられている（同　中川の里）。

犬は、自然と文化、あの世とこの世の境目にあって、異なる世界との間を移動する人間を守り導く。また忠実な猟犬として、自然のなかにあるさまざまな獲物をもたらしてくれる。こうしてみると桃太郎の鬼退治において、犬は必要不可欠な存在だったことがわかる。従者としての犬は、人間界から鬼の世界へ移動する桃太郎の道中を導き守り、優れた狩りの能力を発揮して鬼と戦い、隠された宝物を発見してこの世へもたらすという大きな功績をあげたのである。

では猿と雉はどうだったのだろうか。彼らはこの冒険において、なにか功績をあげたのだろうか。

猿──太陽を迎えるもの

猿は人間によく似ているが、人間より一段劣った存在であるという意味で、人間と動物の中間に位置づけられてきた動物である。賢いようにみえても、しょせん浅はかな「猿知恵」にすぎない。大伴旅人《おおとものたびと》の「酒を讃《ほ》むる歌十三首」のなかに、よく知られた次のような歌がある。

あな醜《みにく》　賢《さか》しらをすと　酒飲まぬ　人をよく見れば　猿にかも似る

（万葉集　巻三－三四四）

酒の楽しみを理解しない人を、小賢しい「猿」にたとえてからかっている。また朝廷に従わない地方勢力の代表者たちを、猿の名で呼ぶことがある。

昔、崇神天皇の世に、肥後の国益城《ましき》郡の朝来名《あさくな》の峰に、土蜘蛛《つちぐも》の打猴《うちさる》と頸猴《うなさる》の二人がいた。百八十人あまりを率いて天皇の命を拒み、服従しようとしなかった。

（肥前国風土記　総記）

「打猴、頸猴」という呼び方は、朝廷側が彼らを人間よりも動物に近い存在とみなしていたことを表している。一方、猿の行動は、なんらかの事件の前兆であるとされることがある。

戊午の日に、蘇我《そが》の臣入鹿《おみいるか》が一人で謀《はか》って上宮《かみつみや》の御子（山背大兄王《やましろのおおえのおう》）を廃し、古人《ふるひとの》大兄皇子《おおえのみこ》を立てて天皇にしようとした。このときこんな童謡が歌われた。

岩の上で、小猿が米を焼く。米だけでも、食べてお通りなさい。山羊《かましし》の小父《をぢ》よ。

（中略）（入鹿によって山背大兄王が滅ぼされたあと）時の人は、前の童謡をこう解釈した。「岩の上に」は上宮、「小猿」は入鹿をたとえたもの。「米焼く」は上宮を焼くこと、「山羊の小父」は山背王の頭髪が山羊のように乱れているのをたとえたものだ。また山背王が宮を棄《す》て深山に隠れたことの前兆だと。

（日本書紀　皇極二年）

国政をほしいままにして中大兄皇子《なかのおおえのみこ》らに殺された蘇我入鹿を「小猿」にたとえるとともに、この小猿の行動が、入鹿の暴挙を予告していたとする。この翌年（六四四年）にも、同じような出来事が記されている。

ある人が三輪山で昼寝をする猿をみて、傷つけずにこっそりその腕を捉えると、猿はなお眠ったままこんな歌を詠んだ。

向こうの山に立つあなたの柔らかい手なら、我が手をとってもよいが、だれのひび割れた手が、我が手をおとりになるのか。

その人は驚いて、手を放して去った。この歌は、数年後に上宮の王たちが蘇我入鹿の手によって胆駒山《いこまやま》で囲まれたことの前兆である。

（日本書紀　皇極三年六月）

このように、人間界と自然界のあいだに立つ猿は、人が知り得ぬ未来の出来事を予知し、神の言葉を人間に伝える働きをすることがあると考えられている。『日本書紀』は、この翌年（皇極四年春正月）にも、猿の群れが難波《なにわ》への遷都の前兆を表したと伝えている。

ところで猿は、記紀神話に登場する神の名にも用いられている。猿田毘古神《さるたひこのかみ》（サルタヒコ）である。この神は、異なる二つの世界の境目をふさぎまた結びつける、「衢《ちまた》の神」（境界神）である。天照大御神《あまてらすおおみかみ》（アマテラス）の孫にあたる、天孫番能邇邇芸命《ほのににぎのみこと》（ホノニニギ）が、地上世界を支配するために高天《たかま》の原《はら》から天降ろうとしたとき、天と地をつなぐ道の境目に、この神が天地を照らして立ちふさがっていた。そこでアマテラスは、天宇受売神《あまのうずめのかみ》

（アマノウズメ）を派遣してその正体をたずねさせる。

アマノウズメが問うと、彼は「私は国つ神、名はサルタヒコである。天つ神の御子が天降ると聞いたので、先導をしようと思ってお迎えにきたのだ」といった。

（古事記）

こうしてサルタヒコは、天孫降臨の一行を地上世界へ先導したと伝えられている。彼が下界へ導いたのは、アマテラスという太陽女神の子孫の一行である。『日向国風土記』（知《ち》鋪《ほ》の郷）によれば、ホノニニギが天降り、稲籾《いねもみ》を投げると、それまで暗くなんの区別もなかった世界が明るくなり、太陽と月が照り輝いて昼夜の区別ができたという。つまりホノニニギの降臨は、地上世界への太陽の出現を意味しているので、サルタヒコはここで、地上に新たな太陽＝王を導き出す役割を果したといえる。

サルタヒコの正体を明らかにしたアマノウズメという女神もまた、天孫降臨のために重要な働きをしている。彼女は境目をふさぐサルタヒコという障害をとり除き、日の御子が地上に出現するための道を開いた。天降ったあとに、ホノニニギは彼女に次のように命じたという。

天降りを先導したサルタヒコ大神は、その正体を明らかにしたあなたが（彼のすみかまで）お送りせよ。またその神のお名前は、あなたがもらい受けなさい。

（古事記）

こうしてアマノウズメとその子孫の人間たちは、「猿女《さるめ》」という名を負うことになったとある。ところでアマノウズメは、アマテラスによる天《あま》の岩戸《いわと》隠れの神話で活躍した女神である。かつてアマテラスが天の岩屋に閉じ籠《こ》もったとき、世界は太陽を失って真っ暗闇の混沌《こんとん》の状態に陥った。そこでアマノウズメが岩戸の前で踊ると、アマテラスは岩戸を開き、ついには外へ出て、世界は光と秩序を回復したという。つまりアマノウズメ（猿女）もまた、閉ざされた通路を開いて太陽を導き出す働きをする神なのである。

こうしてみると神話のなかで猿の名をもつ神（サルタヒコ、サルメ）は、太陽の出現と密接に関わっていることがわかる。「伊勢大神（アマテラス）の使い」（日本書紀　皇極四年春正月）や、日吉の神の使いを「猿」であるとするのも、日の出とともに騒ぎだす猿が、太陽の出現を先導すると考えられていたからだと思われる。

先にあげた『肥前国風土記』の記事で、天皇に従わない地方勢力の「打猴、頸猴」が仲間を率いてふさいでいたのは、「朝来名《あさくな》（「朝よ、来るな」）の峰」であった。この猿たちはサルタヒコやサルメとは正反対に、異なる世界との境の峰で、彼らの世界に太陽＝天皇が出現するのを妨げようとしているのだ。

「太陽」は陰陽道において「陽気」の根源だが、前に述べたように、桃太郎は「桃」に象徴される強力な「陽気」を体現する者である。そうすると、桃太郎の従者としての猿は、人間界と鬼の世界の境界領域で「最大の陽気＝桃太郎」を出迎え、異なる世界へ導き出現させるという役割をもっていたのではないだろうか。

雉——出入り口を開けるもの

最後に、雉の働きについて考えてみよう。記紀神話では、雉は天若日子《あめわかひこ》（アメワカヒコ）神話に登場する。『古事記』によれば、「鳴女《なきめ》」という名の雉が、高天の原から下界のアメワカヒコのもとへ使者として派遣されたが、天の神を裏切った彼によって射殺されてしまったという。

鳴女は天から降りて、アメワカヒコの家の門のところにある神聖な桂の木にとまり、天つ神の言葉をくわしく伝えた。天佐具売《あまのさぐめ》（アマノサグメ）という女神がこれを聞き、アメワカヒコに「この鳥の鳴き声はひどく悪いから、射殺してしまえ」とそそのかした。そこで彼は天つ神から賜《たまわ》った天の弓矢をもって、その雉を射殺してしまった。

（古事記）

その後、アメワカヒコは天の神に罰せられて死ぬが、彼の葬儀では、雉が「哭女《なきめ》」の役を果たしたとある。

河雁《かわがり》をきさり持ち（死者の食物を運ぶ役）とし、鷺《さぎ》を箒《ははき》持ち（喪屋を箒で掃く役）とし、翠鳥《そにどり》を御食人《みけひと》（死者に食事をさせる役）とし、雀《すずめ》を碓女《うすめ》（臼で穀物をつく役）とし、雉を哭女（大声で泣く役）とし、このように役割を決めて、八日八晩のあいだ歌舞を行った。

（古事記）

日本の葬送儀礼では、近代まで死者に寄り添って激しく泣く「泣き女」の役が存在した。

ナキテ　陸中（秋田県）鹿角《かづの》郡尾去沢《おさりざわ》村元山では泣き手を雇ふ。棺前にて死者生前の善行をたたへ、遺族の悲嘆を述べて泣きくどく。葬列にも大声で泣き、埋葬の際は墓穴を掩はんばかりにして哭きくどくといふ。

（柳田国男『葬送習俗語彙』民間伝承の会、一九三七年）

このような泣き女の起源については、記紀の創世神話のなかで語られている。

イザナキが、死んだイザナミの枕元を這いずり、足元を這いずって泣いたとき、その涙から生まれた神が、香山《かぐやま》の畝尾《うねお》の木本に鎮座する泣沢女神《なきさわめのかみ》である。

（古事記）

ナキサワメは「たくさん泣く女」を意味するので、まさに「泣き女」そのものである。イザナキの慟哭《どうこく》がナキサワメを出現させるやいなや、イザナキは亡き妻を追って黄泉《よみ》の国へ入っていった。つまりナキサワメに代表される「激しい泣き声」は、あの世とこの世のあいだに道を開く力をもっていたのである。葬儀における泣き女の役割は、激しく泣くことであの世とのあいだに、魂を呼びもどす、あるいは送り出すための道を開くことにある。では、泣き女の役を雉が担うのはなぜなのか。たとえば『万葉集』のなかで、雉はこのように詠われている。

隠口《こもりく》の　泊瀬《はつせ》の国に　さ結婚《よばひ》に　わが来れば　たな曇り
雪は降り来　さ曇り　雨は降り来　野つ鳥　雉《きぎし》はとよみ　家つ鳥
鶏《かけ》も鳴く　さ夜は明け　この夜は明けぬ　入りてかつ寝む　この戸開かせ
（万葉集　巻十三-三三一〇）

夜這《よば》いにやってきた男は、「野で雉が鳴き、庭で鶏が鳴きだした。もう夜が明けてしまうから早く戸を開けてくれ」と訴える。この歌からわかるように、野の鳥・雉は、家（庭）の鳥・鶏とともに、夜明けを告げる鳥とみなされている。雉の特徴である「ケーン」という甲高い鳴き声は、夜と朝、闇の世界と光の世界とのあいだの扉を開く。これは、あの世とこの世のあいだに通路を開くことと重なり合う。だから雉は、あの世とのあいだに魂が出入りする道を開く「泣き女」の役にふさわしいと考えられたのだろう。

とすると、桃太郎の従者である雉の役割は、鬼の世界への出入り口を開くことなのではないか。雉が「鬼の城の門を開いた」と語る伝承は、各地にいくつか認められる。

鬼は門を開けないので雉が中に入り、嘴《くちばし》で鬼を追い出して戸を開ける

（宮城　関敬吾『日本昔話大成』3、角川書店、一九七八年）

雉が錠をはずして中に入る

（京都　関同書3）

きじが鬼が島の岩の門を開け

（京都　稲田浩二他『日本昔話通観』14、同朋舎出版、一九七七年）

雉が鬼の門を開いて鬼退治

（鳥取　関前掲書3）

これまでみてきたように、犬と猿と雉は、どれもこの世と異界を結びつける仲介者とされてきた動物たちである。彼らは桃太郎を守り、旅を導くとともに、犬は鬼を狩ってその財宝を獲得させ、猿は桃太郎の強力な陽気を異界に出現させ、雉は鬼の城の門を開けるために威力を発揮した。従者たちの活躍は、古代の神話と照らし合わせることで、はじめて

その価値を回復してやることができる。桃太郎と出会う三匹の従者たちは、だれでもよいわけではなかったのである。

婆さまのキビ団子

桃太郎が鬼ヶ島《おにがしま》に行って鬼を征伐し、宝物を獲得して無事に帰ってくるためには、犬、猿、雉の援助が必要不可欠だった。しかし、桃太郎はなぜ動物たちを、自分の忠実な家来として従わせることができたのだろうか。

桃太郎は鬼ヶ島へ旅立つにあたり、まずお婆さんにキビ（黍）団子をつくってもらい、犬、猿、雉と出会うたびにそれを与えることで、彼らを仲間に加えていった。彼が三匹の従者を獲得するために、キビ団子が大きな役割を果たしたことは全国の伝承に共通している。たとえばその場面は、このように語られる。

ある日、桃太郎が爺さまと婆さまといるところへ来て、ちゃんと坐って両方の手をついて、「爺さまあ、婆さまあ、わあ大きぐなったんだしけ、鬼が島さ鬼退治に行きたいしけあ、日本一の黍団子よこさって下さえ」と、頼んだそうです。爺も婆も「どうしてうが（お前）まんだ年もとねだしけあ、鬼ね勝でなだで」といって止めたけれども、桃太郎は、「だおんだおん、おら勝でるであ」といって、きかなかったそうです。爺さまも婆さまも仕方なくて、「したら行って来ね」といって、日本一の黍団子じっぱとこしらえて、新しい鉢巻《はちまき》をさせて、新しい袴《はかま》をはかせ、刀をささせて、「日本一の桃太郎」と書いた幡《はた》をもたせて、黍団子を腰に下げさせて、「したら気をつけて行って来い。鬼退治して来るのを待じでる」といって、爺と婆に送られて立って行ったそうです。

村はずれまで行くと、わんわんといって犬こがやって来て「桃太郎さま、桃太郎さま、どこさおいでやります」「鬼が島さ鬼征伐に行く」「したら、わえも鬼が島さお伴しますしけあ、どうかその日本一の黍団子な一つ下さえ」「したら家来になれ。これよけ（食え）ば、十人力になるすけなあ、んがに（お前に）ける（くれてやる）ら」といって、腰の袋から団子を一つ出してやったそうです。そして犬を家来にして山の方へ行くと、こんどは雉がけーんけーんとやって来た。そしてまた犬のように黍団子をもらって、家来になったそうです。桃太郎は二人の家来を連れて山奥の方へ行ったそうです。すると猿がきゃっきゃと叫びながらやって来たそうです。猿もまた桃太郎の家来になったそうです。桃太郎は大将になって、犬に幡をもたせて、鬼が島へいそいで行ったそうです。

（青森県三戸郡《さんのへ》　関敬吾編『桃太郎・舌きり雀・花さか爺―日本の昔ばなし（Ⅱ）―』岩波書店、一九五六年）※（　）内古川注

ここにあげた青森の例では、団子は動物たちに「十人力」を与えるのだという。しかしたった一つのキビ団子をもらっただけで、なぜ犬・猿・雉は桃太郎の忠実な家来となり、鬼ヶ島への危険な旅を共にするようになるのだろうか。

あの世へ行かせるための食べ物

人間が異なる世界に行くときに、重要な役割を果たす飯や団子がある。「枕飯・枕団子」という、葬式の際に死者に与えるものである。茶碗に飯を山盛りにして箸を立てたり、団子や握り飯にして供えることも多い。現代でもよく知られる習慣である。

マクラヅキメシ　大和宇陀《うだ》郡の曾爾《そに》村などでは、死人が出ると直《ただ》ちに拵《こしら》へる飯をかく呼び、死者生前常用の茶碗に一杯米をとり一鍋で炊《かし》ぎ、それを又その茶碗に一粒も残さぬやうに盛って、紙で巻き箸一ぜん立てて置く。葬送には多く子の妻が持って、墓においで来る。

（奈良県宇陀郡　柳田国男『葬送習俗語彙』民間伝承の会、一九三七年）

愛媛県の温泉郡重信《しげのぶ》町では、マクラメシは組の者がきて米二合半をあまりとがずに急いで鍋で炊く。軒下か庭の一隅に石を二個、左右において簡単なクドをきずき、軒から縄で鍋の口を北向きにして吊《つる》し、藁《わら》で炊いていたという。

（愛媛県東温《とうおん》市　武田明『日本人の死霊観　四国民俗誌』三一書房、一九八七年）

高知県の安芸《あき》市では、生と死の境界だと言われる雨だれ落ちへ臨時の窯《かま》をつくって鍋の蓋をあけたままで炊くところが多いという。なおこの飯は死者が善光寺まいりをする時の弁当だと言っているところが多く、死者が使用していた茶碗に丸めて入れるが中には握り飯にして膳の四隅に供えるところもある。

（高知県安芸市　武田同書）

ハヤダンゴ　青森県の野辺地《のへじ》あたりは、枕飯の代りに団子をこしらえる。是《これ》を早団子と謂って居る。粳米《うるちまい》をさっと洗いさっと搗《つ》いて丸めた団子で、すぐに之をうでて供える。だから常の団子は搗いた日にうでることを嫌い、必ず二日に跨《また》がらしめるのである。

（青森県野辺地　柳田前掲書）

枕飯は、日常とは異なる竈《かまど》の火でつくられた、死者だけが食べる特別な飯である。柳田国男は、「死者の『枕飯』に充てた同じ釜のものを、他人が食べてはたいへんなことであつたから、来訪者の為には別に厨房を設け」、会葬者たちはけっして枕飯を食べないことや、「一度死者と同じ群に加はるべき人々」（近親者、湯灌《ゆかん》・納棺《のうかん》の世話をする人、墓地の準備をする人など）のみが、この飯を食べる場合があることから、枕飯の意味について次のように述べている。

けだし飲食物の共同摂取が、之に参加する人々を結び付けた如《ごと》く、その別々の受用が彼等を隔絶し、今まで親しかつた者をも他人にするといふ思想は、遠くは神代史の黄泉戸喫《よもつへぐひ》（殯泉之竈《よもつへぐひ》）の条にも表はれて居る。

（柳田国男「生と死と食物」井之口章次編『葬送墓制研究集成2』名著出版、二〇〇四年）

つまり枕飯は、生きている者は食べてはならない死者の飯、生者と死者を区別し隔絶するための食べ物であり、この考え方は、古代神話の「黄泉戸喫」につながるものだとしている。

『古事記《こじき》』『日本書紀《にほんしょき》』の創世神話には、最初の夫婦神イザナキとイザナミが地上世界を誕生させたあと、イザナミが死んで黄泉《よみ》の国へ行き「黄泉戸喫」をしたことが、次のように語られている。

イザナキは妻のイザナミに会いたくて、黄泉の国に追いかけていった。御殿の戸口で彼を出迎えた愛しい妻に、イザナキは地上世界に帰ろうという。しかしイザナミは「もっと早く来てくれなくて残念です。私は黄泉戸喫をしてしまいました。けれど愛しい夫がここまで来たのは恐れ多いことですから帰りたいと思います。しばらく黄泉の神と相談をしますから、そのあいだ、私をみないでください」といった。

（古事記）

イザナキは、死んだ妻のイザナミを地上に連れもどして生き返らせるために、黄泉の国へと入っていった。しかしイザナミはすでに「黄泉戸喫（古事記）」「飡泉之竈（日本書紀）」をしてしまったので、すんなりと地上世界にもどることはできないのだという。「よもつへぐひ」の「へ」は、竈を意味する「へっつい」のことで、漢字表記にも「竈」の字があてられている。つまり「よもつへぐひ」とは、「黄泉の国の竈の火で煮炊きされたものを食べること」である。これを食べてしまうと、死者の世界への所属が定まり、現世にもどることができなくなってしまう。

この黄泉戸喫の神話は、しばしばギリシア神話の女神ペルセフォネが、冥界の石榴《ざくろ》の実を食べてしまったためにこの世にもどれなくなった話と対比される。たしかにこの神話はイザナミの黄泉戸喫の神話とよく似ているが、日本の神話の場合は、その食べ物がとくに異界の竈の火でつくられたものであることが強調されている点に、特徴がある。それを食べた人間の所属する世界が決まるためには、その食べ物がどの世界の竈の火で料理されたかが重要な意味をもっているのである。

葬儀における枕飯は日常の台所ではなく、特別につくった竈の火で炊く。その竈は、庭、軒下、雨だれ落ち（軒端）などの内と外の境目、つまりあの世とこの世の境目を意味する地点につくられることが多い。あの世との境界地点にわざわざ開かれた竈は、この世の竈ではない。枕飯は「死者の国の竈の火で炊かれたあの世の飯」であり、これを食べることは「黄泉戸喫」をすることにほかならない。柳田国男が指摘するとおり、死者はこの飯を食べることで、迷うことなくあの世に行けるようになると考えられたのだ。この飯は残さず全部使いきり、墓にもっていく。生者が枕飯や握り飯・枕団子を死者とともに食べないのは、それを食べることが死者の世界に仲間入りすることを意味するからだ。

宮崎駿《みやざきはやお》監督のアニメ『千《せん》と千尋《ちひろ》の神隠し』には、「黄泉戸喫」の神話を思わせる場面がある。主人公の少女千尋とその両親が異世界にまぎれ込んだとき、両親はすぐに異界の料理をむさぼり食ってしまった。そのせいで彼らはその世界の存在(豚)となったが、料理を食べなかった千尋はそこに存在し続けることができず、透明になって実体を失っていく。異界の少年ハクが与えた団子のような食べ物を食べることで、千尋は体をとりもどし、その世界に存在することができるようになった。しかしこれは千尋の「黄泉戸喫」であり、彼女が簡単にはもとの世界にもどれなくなったことをも意味している。

ここで桃太郎のキビ団子について考えてみよう。これはどのような性質をもつ食べ物なのだろうか。キビ団子は、お婆さんがこの世の日常の竈でつくったものである。つまり枕飯とは正反対の「この世の飯」としての性質をもっている。したがってこの団子は、枕飯や枕団子のように、それを食べるものをあの世に所属させるためのものではなく、こちら側の世界につなぎとめるためのものではないかと考えられる。

この世に結びつけるための飯

人間は、一生に三度の高盛飯を食べるといわれる。第一番目は、人がこの世に生まれてきたときの「産飯《うぶめし》」、第二番目は、結婚式のときに夫婦で食べる「嫁の飯」、そして最後は死んであの世に行くときの「枕飯」である。これらの飯は、どれも茶碗に高く盛りつけたかたちをしていることが多く、誕生・結婚・葬送という人生の三つの大きな通過儀礼において人は「高盛飯」を食べることになる。これらの儀礼的な食事は、それがどの竈の火でつくられたかという点に注目すると、その意味が理解しやすくなる。
「産飯」は、あの世からこの世へ子どもが生まれてきたときに、最初に子どもに与える飯である。

子供が生まれると直ちに米一升を御飯にし、そのお初を産神《うぶがみ》に供し、別に御飯を茶碗に山盛りにし、釜のふたを裏返しにし（膳の代用）、その上にこの茶碗をのせて、産婦の枕元に供え、その残りをなるべく多数で食べる。オボタテノメシという。
（群馬県桐生《きりゅう》地方『日本産育習俗資料集成』第一法規出版、一九七五年）

七日目簡単な膳をつくって御飯を高く盛って赤子に供え、わらの箸を作ってこれで赤子に食わせるまねをする。この日男子は額に「大」の字を、女子は「小」の字を書く。

（三重県鈴鹿《すずか》郡　同書）

この飯は、あの世に通じる産屋《うぶや》の炉ではなく、夫方であれ妻方であれ、この世の日常の竈で炊かれた「この世の飯」であることが肝心である。これを食べることで、子どもはこの世の人間たちの世界に仲間入りすることになる。したがってこの産飯は子どもだけでなく、出産した女性、産婆《さんば》、さらに親類縁者や出産を手伝いに来た近隣の人々まで、できるだけ大勢の人々と一緒に食べるのがよいとされる。

人生の二度目の儀礼食「嫁の飯」は、実家を出た花嫁が婚家に到着したときに夫婦で食べる飯や握り飯で、主に花嫁に食べさせるためのものだと思われる。

ヨメノメシ　親椀に高く盛り上げて嫁の前にするゑる。聟は手伝ってやってもよいが、他の者には決して食はせない。大抵は其夜は床の間に飾って置き、翌朝握飯にして新夫婦二人きりで食ふと謂ふ。

（神奈川県津久井《つくい》　柳田国男『婚姻習俗語彙』国書刊行会、一九七五年）

オシツケメシ　飛驒《ひだ》などでは祝言の盃の後、酒宴の始まる前に此《この》食事がある。此時舅姑が出て嫁の飯をうんと高く盛る。之を俗に舅の押付飯といふ。

（岐阜県飛騨《ひだ》　柳田同書）

フンヅケモリ　信州の南端遠山和田でも姑は来客一同の環視の下に、嫁の本膳の前に進み出て、嫁の飯を高々と盛る。少しでも盛り方が足らぬと、皆で「気に入らぬのか」などとからかふ。多いほどめでたいと言って悦ぶ。聟は其飯をもって夷神に進ぜて後、一同で食べて是でかたまったといふ。

（長野県　柳田同書）

この飯や握り飯は、嫁ぎ先の竈でつくられた「婚家の飯」である。これを夫とともに食べることで、花嫁は婚家の世界の一員となると考えられていたのだろう。

人間は、まず「産飯」という「この世の竈の飯」を食べて、あの世からこの世へやってくる。そして「嫁の飯」という「婚家の竈の飯」を食べて、実家の娘の世界から婚家の妻の世界へと移行し、最後に「枕飯」という「あの世の竈の飯」を食べて、この世から再びあの世へと帰っていくと考えられていたのである。

人間の味方にさせる力

桃太郎のキビ団子は、「産飯」に相当する力をもつ「この世の竈の飯」だと思われる。桃太郎がこの世から鬼ヶ島という異界に行くにあたって、キビ団子はまず桃太郎の生命力を強化してこの世の側に結びつけ、彼があの世で迷うことなく帰ってこられるようにその力を発揮したと考えられる。

また団子を犬・猿・雉に分け与えることで、自分の家来として従えた。彼らは動物のなかではもっとも人間に近く親しまれてきた存在であり、自然と文化の境界に位置づけられる動物たちである。彼らはこの世（人間界）においては、人間に対して従順に振る舞うことができるが、道中やあの世（鬼ヶ島）においてもずっと従順であるとは限らない。キビ団子は犬と猿と雉をこの世の側につなぎとめ、彼らの身の内にある野性の暴走を抑える力をもつ。あの世とこの世のあいだを導く動物たちを忠実な家来として従えて、桃太郎がその援助を得るためには、彼らにキビ団子という「この世の飯」を食べさせる必要があったのである。

ところで「鼠《ねずみ》浄土（おむすびころりん）」や「地蔵浄土」の昔ばなしでは、お爺さんは昼飯に持参した「握り飯・団子」をうっかり転がし、そのあとを追って異世界に入り込む。すると異界の鼠や地蔵がその「握り飯・団子」を受けとり、お礼にといってお爺さんに宝物や鬼をだます方法を授け、無事にもとの世界へ帰らせてくれる。彼らをお爺さんの味方にしたのは、この世の竈でつくられた「握り飯・団子」であり、これもまた桃太郎のキビ団子と同じ力をもつ食べ物だったことがわかる。

第二話

かちかち山

トリックスター、稲羽の素兎の末裔たち

昔々あるところに、おじいさんとおばあさんがいました。

ある日、おじいさんが畑に豆をまいていると、タヌキが豆を食べてしまいます。

おじいさんはタヌキを捕まえ、おばあさんに狸汁をつくるよう伝え仕事にもどりました。

おばあさんはタヌキが反省するふりをしたので縄を解き、タヌキに殺されてしまいます。

帰ってきたおじいさんは悲しみ、仲良しのウサギに相談しました。

ウサギは、おばあさんのかたきを討つと約束します。

ウサギはタヌキを薪《まき》拾いに誘い、
タヌキが背負った薪に火をつけて大やけどを負わせました。

タヌキは反省して、おじいさんに謝りました。

残酷なのはタヌキか、ウサギか

昔ばなし「かちかち山」の面白さは、ウサギが頓知《とんち》のきいたやり方で、タヌキを欺いて仕返しをするところにある。子ども向けにあらすじを変えたものが一般に流布しているが、実際に伝承されてきた全国の類話をみると、仕返しの原因となったタヌキの悪戯《いたずら》も、ウサギがタヌキを懲らしめるその方法も、かなり残酷で意地の悪いものである。

爺婆が兎《うさぎ》を飼っている。畑を荒らす狸《たぬき》を爺が捕まえる。狸をくくりつけて婆が番をする。狸が「えらいわい」というので縄をゆるめてやる。狸は婆を殺し、婆に化けて婆汁をつくる。爺に狸汁だと欺いて食わせ、「婆食った爺や」といって逃げる。兎が仇討《あだう》ちに行く。狸を木伐《きき》りに誘う。狸の背負った木に、カチンカチンと火をつける。兎が狸が何の音かと聞くと、かちかち山がカチンカチンと鳴ると答える。火がぼうぼう燃えると、ぼうぼう山がボーボー鳴るという。狸はやけどする。兎は大和の薬屋になって兎の小便の水薬を売る。狸はそれをつけると痛む。つぎに兎は木の舟、狸は泥の舟をつくる。狸はおぼれて死ぬ。
（鳥取県東伯《とうはく》郡　関敬吾『日本昔話大成』1、角川書店、一九七九年）

タヌキは「米搗《こめつ》きを手伝ってやるから」などと言葉巧みにお婆さんをだまして縄を解かせ、殺して煮て婆汁をつくり、それをお爺さんに食べさせた。そのうえ「婆な食ってうまかった、まだ奥歯さはさまっている」（関同書　岩手県紫波《しわ》郡）、「じんじい、ばんばあ食ったか、ざまあみろ。流しの下の骨を見ろ、戸棚の中の頭あ見ろ」（関同書　山梨県西八代《にしやつしろ》郡）などとはやし立てる。追い打ちをかけるような凶悪な仕打ちだ。

そのときお爺さんのもとに、一羽のウサギが現れて仇討ちをしてやるという。これはお爺さんが飼っていたウサギだとする例もまれにあるが、多くの場合、仇討ちを申し出るはっきりした理由は語られていない。このウサギは一見すると、悲しむお爺さんのために悪いタヌキを退治してくれる善良な助《すけ》っ人《と》のようだが、その報復のやり方は執拗《しつよう》でやはり残酷だ。ウサギが三回にわたって仕返しをしたことが、全国でほぼ共通して語られている。

爺が泣いていると兎が火燈を借りに来てわけを聞き仇討ちを約束する。狸を芝刈りに誘う。かちかち山だと欺いて火打ち石で火をつけ、柴が燃え出すとぼうぼう山だと答える。狸は背中にやけどする。兎は翌日、大根おろしに南蛮を混ぜ針を持ってやけどの薬だといって欺く。三、四日後、タヌキを舟づくりに誘う。兎は木の舟、狸は土

ダビッド・タムソン 訳述・鮮斎永濯 画
「カチカチ山」弘文社刊、明治19年、国立国会図書館蔵

の舟をつくる。川に遊びに行って狸の舟に木の舟をぶつける。狸の舟は割れて沈む。狸は助けを乞うが、兎は婆の仇だといって、櫂《かい》でたたいて川に沈める。

（宮城県伊具《いぐ》郡　関同書）

ウサギはまずタヌキに薪を背負わせ、火をつけて大火傷《やけど》を負わせた。このとき、背中の薪に火がついて燃える音を、「かちかち山のかちかち鳥だ」「ぼうぼう山のぼうぼう鳥だ」などとごまかしたのが、「かちかち山」という表題の由来となっている。次にウサギは火傷に苦しむタヌキの前に現れ、火傷によく効く薬だと偽って唐辛子、芥子味噌《からしみそ》、蓼《たで》味噌、大根おろしなどのよくしみる薬を与えて、タヌキをさらに苦しめる。最後にウサギはタヌキを魚捕りに誘い出し、自分には木の舟、タヌキには土の舟をつくって乗せ、水に沈めて殺してしまう。

こうしてみると、ウサギもかなりたちの悪い存在であることがわかる。多くの話では、タヌキ退治には「お婆さんの仇討ち」という大儀名分があるが、なんの理由もなくタヌキ（あるいは熊）をだまして殺す話も各地に伝承されている。一方のタヌキは、お爺さんとお婆さんに対してはあれほどずる賢く残虐に振る舞っていたにもかかわらず、ウサギに対してはその片鱗《へんりん》も示さない。ウサギのいうことをすべて素直に信じ込む、間抜けなお人好《よ》しになっている。ウサギとタヌキはどちらも善良なだけ、凶悪なだけの存在ではなく、善良／凶悪、あるいは間抜け／狡猾《こうかつ》という、相反する二つの性質を兼ね備えているようにみえる。

性格が変わったウサギ神

ずる賢い悪戯者のウサギは、八世紀前半に編纂された『古事記』の神話にも登場する。「稲羽《いなば》の素兎《しろうさぎ》」である。

大国主神《おおくにぬしのかみ》（オオクニヌシ）がまだ大穴牟遅神《おほなむちのかみ》（オオナムチ）と呼ばれていたころ、彼の大勢の兄弟神たちが稲羽（因幡の国）の八上比売《やがみひめ》（ヤガミヒメ）のもとへ求婚しに赴《おもむ》いた際、オオナムチは荷物袋を担《かつ》いで従った。すると、気多《けた》の岬《みさき》で赤裸になったウサギが苦しんでいたので理由をたずねると、ウサギはこう語った。

自分は隠岐《おき》の島からここへ渡るために、海のサメを欺いて「私の一族とあなたの一族とどちらが多いかくらべてみたいから、一族をみんな連れてきて、この島から岬まで並らんでくれ。そうしたらその上を踏んで渡りながら数えよう」ともちかけた。ならんだサメたちの背を踏んで、いままさに陸地に降りようとしたとき、「おまえたちは私にだまされたのだ」といった。そのとたん、一番端のサメが私を捕らえて毛衣をすべて剝《は》いでしまった。それで泣いていると、あなたの兄弟の神々が「海水を浴びて、風にあたって伏していろ」と教えたので、そのとおりにしたら体中傷ついてしまったのだという。

そこでオオナムチはウサギに「川の真水で体を洗い、蒲《がま》の花を敷き散らした上に横たわって転がれば、必ずもとのように治るだろう」と教えてやった。そのとおりにすると、ウサギの体はもとどおりになった。これが稲羽の素兎である。いまは兎神という。ウサギはオオナムチに「兄弟の神々はヤガミヒメを手に入れられないだろう。袋を背負ってはいても、あなたが彼女を獲得するだろう」といった。

(古事記)

タヌキを口先で巧みに欺く「かちかち山」のウサギと同様に、稲羽の素兎も、自らの目的のためにサメたちを舌先三寸でまるめこんで利用するような、狡猾な知恵者である。ところがこの素兎は、調子にのってだますのに失敗し、サメに毛皮を剝《む》かれてからはその性質を一変させる。兄弟の神々が教える嘘の治療法を真に受け、泣いて苦しむことになる。素兎のこのような姿は、ウサギにだまされる「かちかち山」の間抜けなタヌキによく似ている。つまり、神話のなかの稲羽の素兎もまた、だまされる者（善）／だます者（悪）、間抜け／狡猾という、正反対の性質を一身に兼ねた存在なのである。

トリックスターの役割

松村武雄氏（『日本神話の研究』3、培風館、一九五五年）などによって指摘されているとおり、稲羽の素兎はいわゆる「トリックスター」と呼ばれる存在の一種だと考えられる。トリックスターとは、世界中の説話などに登場する悪戯者（キツネ、道化など）のことで、両義性と媒介性を特徴とする。両義性は、善と悪、神と人、男と女、敵と味方、破壊と創造、天と地、自然と文化など、たがいに対立する正反対の性質を合わせもつことである。

トリックスターは悪質な詐術や悪戯、よけいな手出しなどによって争いを煽動《せんどう》し、世界を攪乱《かくらん》して秩序を壊したり権威を逆転させる破壊者である。一方で、その両義性のゆえに対立物を媒介し、対立していたもののあいだに思いがけない結びつきやコミュニケーションを成立させ、新しい秩序やこれまでになかったものを誕生させる創造者としての働きをすることもある。

稲羽の素兎は最後に、助けてくれたオオナムチに、ヤガミヒメの獲得を予言した。するとその言葉どおりになったので、一見すると素兎が彼に恩返しをしたかのようにみえる。

しかし結局これが兄弟の神々の怒りを煽《あお》り、オオナムチはこのあと彼らによって殺害されることになる。素兎の悪戯者としての性格は助けられたあとも変わることなく、恩人のオオナムチに対しても争いを煽動し、幸福とともに破滅をもたらしている。

ヤガミヒメがオオナムチと結婚したいといったのを聞いて、兄弟の神々は彼を殺すことにした。まず真っ赤に焼けた大石を山の上から投げ落としたところ、それを受けとめたオオナムチは火傷を負って死んでしまった。すると母神が天の神に頼み、赤貝の女神と蛤《はまぐり》の女神が治療して彼は生き返った。次には大樹の割れ目に入れられてはさみつぶされ再び殺されたが、母神が木を裂いて生き返らせてくれた。

（古事記）

このあとオオナムチは、兄弟の神々から逃れて地下の根の国へと入っていく。根の国は死者たちが帰っていく黄泉《よみ》の国であり、再び地上に生まれ出てくる母の国でもある。オオナムチはこの世界でかずかずの試練を克服し、新たな妻と「大国主神」（偉大な国土の主）という名前を獲得して地上に再生を遂げ、兄弟の神々を討伐して地上世界の支配者となる。稲羽の素兎のよけいな手出しは、オオナムチの死という破滅的な結末をもたらしたものの、結果的に「大国主神」としての再生を促し、彼が支配する新しい地上世界を成立させるという創造的な役割も果たしている。

稲羽の素兎の末裔たち

稲羽の素兎の姿は、「かちかち山」のウサギはもちろん、タヌキのなかにもよく保存されている。たとえばお婆さんをうまくだまして殺し、その肉を入れた婆汁をまんまとお爺さんに食べさせることに成功したとき、有頂天になったタヌキは相手がだまされたことを高らかに告げて自分の成功をひけらかす。

「あーりゃ、じいさはばあさ汁食って」狸がそう言うだわな、何べんでも。ほっと気がついてなあ、「狸汁食っとるのに、ばあさ汁いうことはありゃあせん」「身はじいさの腹に、骨と皮とはこの背戸の竹藪に」と、こう言うだげな、狸がな。それでさあ、じいさがだんだんわかりでえてなあ。そしてさあ、その裏へ行ってみたら、ばあさの骨や頭や顔や足の骨があっただって。せえから、じいさはおいおいおいいうて泣くわなあ。

（京都府宮津《みやづ》市上世屋《かみせや》　稲田浩二他編『日本昔話通観』14、同朋舎出版、一九七七年）

このようなタヌキの態度は、稲羽の素兎がまんまとサメたちをだまして陸地にたどり着こうとしたとき、「おまえたちは私にだまされたのだ」と自分の成功をひけらかさずにはいられなかったのとよく似ている。

また、大火傷を負ったタヌキは偽《にせ》の治療法で苦しんだが、そのときのことは次のように語られる。

兎は薬売りになって、狸のやけどに唐辛子をつける。痛くなると、たわしでこするとよいと教える。

（静岡県小笠《おがさ》郡　関前掲書1）

兎は見舞いに行って、やけどの妙薬だといって大根おろしをつけてやる。狢《むじな》の背に薄い皮ができたころ、竹滑りに誘って押し転がし、背中を赤めろにする。

（秋田県仙北《せんぼく》郡　関前掲書1）

ウサギから偽の薬や治療法を教えられたタヌキは、火傷の傷がしみたり、皮が剝けることによって苦しむ。これは稲羽の素兎が、サメによって皮を剝かれ、兄弟の神々によって偽りの治療法を教えられて海の潮水や風が傷にしみて苦しんでいたことと共通する。

こうしてみると「かちかち山」のウサギとタヌキは、どちらも稲羽の素兎の特徴をよく受け継いでおり、ウサギ《タヌキをだまして殺す》と、タヌキ《人間をだまして殺すがウサギにだまされて殺される》は、きわめて同質的な存在だといえる。どちらも善良／凶悪、間抜け／狡猾という相反する側面をもち、それゆえにだます者からだまされる者へと容易にその立ち位置が入れ替わるのだ。

全国各地に伝承される「かちかち山」のなかには、タヌキを殺したあとのウサギの後日《ごじつ》譚《たん》を語るものがある。

(前半部分) 泥舟は沈んで狸は殺される。兎はタヌキを持って百姓家に行って狸汁を煮る。子供たちとともに食い、兎は酒を飲んで寝ている。婆さんは兎の尻尾を捕まえて子供に鉈《なた》を取ってこいといいつける。行かないので、子供に (兎を) 押さえさせて自分で取りに行く。兎は子供に父の睾丸はどのくらいあるかときく。子供が手を放してこれだけ、と形をして見せる間に逃げようとする。婆は鉈を投げて兎の尻尾を切る。それから兎の尾は短くなる。

（青森県三戸《さんのへ》郡　関前掲書1）

ウサギは仕留めたタヌキ（あるいは熊）を料理するために人間の家へ行く。ところが狸（熊）汁を食って満足したところを、家の人間に捕まってしまう。ウサギは子どもをだましてなんとか逃げ出したが、このとき親が投げた刃物があたってウサギの尻尾は短くなったという。今日、ウサギの尻尾が短い理由を語る起源譚となっている。

また別の後日譚においてウサギは、殺した動物の骨や頭、あるいは糞《ふん》などをわざわざ器に入れ、人間に食べさせようとしたと伝えられている。

子供が留守番をしている家に行って熊汁を煮て食う。骨と頭を鍋に残し父親が帰ったら鍵をがんとたたいてぐるりと回り骨をかじるようにいえと子供にいいつけて裏の林で寝る。父親はその通りにして歯を折る。

（岩手県岩手郡　関前掲書1）

このような行為は、タヌキがお爺さんに婆汁を食べさせた行為に相当する。これもまた、ウサギとタヌキがたがいに交換可能な存在であることをよく表している。ウサギはまず人間の味方をして悪いタヌキをだまし討ちにするが、勝利をおさめるやいなや素早くタヌキの立場に身を移し、今度は人間をだまそうと再びしのび寄ってくるのである。

第二話

花咲爺さん

お爺さんはなぜ犬の灰をまくのか

おじいさんとおばあさんの犬が「ここ掘れ、ワンワン」というので
そこを掘ると金貨がでてきました。
すると、それをみていた隣りの意地悪な老夫婦が犬を奪い、宝を探させますが、
ガラクタばかりが出てきます。怒った夫婦は犬を殺してしまいました。
悲しんだおじいさんとおばあさんは死体をひきとり、土に埋めました。
やがてそこから木が生えてきてあっという間に大きくなり、
木を臼《うす》にすると、臼から財宝があふれました。
隣りの夫婦がまた臼を奪いますが、汚物が出るので壊して灰にしました。
おじいさんとおばあさんが灰をもらい、枯れ木にまくと花が咲きました。
大名がそれをみて喜び、褒美をたくさん与えました。

犬はどのように現れたか

枯れ木に花を咲かせる「花咲爺さん」の話は、「桃太郎」とならんで日本人にもっとも親しまれてきた昔ばなしの一つだ。だが実際に全国各地の伝承をみると、現代の絵本などでお馴染《なじ》みのかたちばかりではないことがわかる。

お爺さんが灰をまかなかったり、犬が狩猟をしたり、黄金の糞《ふん》をするなど、さまざまな異伝が豊富に語り伝えられている。「花咲爺さん」とは、もともとどのような話だったのだろうか。

おばんちゃんが川へ洗濯に行くと、上の方から白い小箱と赤い小箱が流れてきた。おばんちゃんは赤い小箱を拾って帰り、戸棚に入れておいた。おじんちゃんと二人でふたを開けてみると、メンコイ犬っこが出てきたので大切に育てる。犬っこは皿で食わせれば皿ほど、丼で食わせれば丼ほど、どんどん大きくなった。おじんちゃんと一緒に山に柴刈りに行くと、途中で「ここ掘れ、ワンワン」という。そこを掘ったら宝物がうんと出てきた。隣りのおじんちゃんが無理やり犬を借りて行くが、泥ばかりでなにも出てこないので犬をぶん殴って殺してしまった。犬が埋められたところに植えた松の木が、たちまち大きくなった。そこでおじんちゃんはその木で臼をつくり米搗《こめつ》きをすると、臼のなかから黄金や銭っこが落ちてきて暮らしがうんとよくなった。隣りのばんちゃんがまたその臼を借りるが、汚いものばかり出たので割って焚いてしまう。おじんちゃんはしかたなくその灰をもらって行くと、途中で灰が飛んで枯れ木にかかって花が咲く。通りかかった殿様の前で、「チチン、プイプイ、黄金サラサラ、チチンプープー」といってパッと花を咲かせ、うんと褒美をもらった。隣りのじんつぁんが真似をしたが、灰を殿様の目に入れて牢屋に入れられたと。

（宮城県　山本明編『陸前伊具昔話集』岩崎美術社、一九八一年　要約）

これは、現在の私たちがよく知っている花咲爺さんの話に近いかたちのものだが、ここには犬の出自が語られている。犬が箱や木の根、果実（桃《もも》、瓢《ひさご》など）に入って、あるいはそのまま川を流れてくるという出現譚《たん》は、主に東日本を中心に伝承されてきた。西日本では、お爺さんが海の神から犬（もしくは猫、鶏、亀）をもらったとされることが多い。いずれにしても、犬は水界から現れたと考えられていたことがわかる。またこの犬は井で食べさせれば丼ほど、一杯食べさせれば一歳分、どんどん成長していったという。宝をもたらす犬は、水の世界から現れてあっという間に大きくなった、特別な存在だったのだ。

金の糞をする犬

このあと犬は正直爺さんを連れて山に行き、「ここ掘れ、ワンワン」と鳴いて大判小判を掘らせた。しかし、全国各地には、犬の活躍をそれとは異なるかたちで語っている話も多くある。その代表的なものの一つは、犬が体から大便として黄金や銭を出すというものである。

お爺さんが町でもらった犬に、虫ぼしを一つとご飯をほんのちょっとずつ与える。すると、さあ犬が思案げにしていたが「ことん」と音がして、みるとお金をひってい る。それから毎日、犬はちょっとのご飯でお金をひった。

（鳥取県　稲田浩二他編『日本昔話通観』17、同朋舎出版、一九七八年　要約）

このような富の排泄の話素をもつ昔ばなしは、「海神少童」「竜宮子犬」などと呼ばれ、それぞれ独立したかたちで全国に分布している。小動物や人間の子ども（小さ子）が体から大便や鼻水、垢《あか》などの汚物を出すような方法で財産や米などの富を産出し、殺されてしまうという筋をもつ話である。吉田敦彦氏は、花咲爺さんを含めたこのような昔ばなしの原形が、『古事記《こじき》』『日本書紀《にほんしょき》』の作物起源神話に遡《さかのぼ》ることを指摘している（吉田敦彦『縄文土偶の神話学』名著刊行会、一九八六年）。

速須佐之男命《はやすさのをのみこと》（スサノヲ）が大気都比売神《おおげつひめのかみ》（オオゲツヒメ）に食物を求めると、オオゲツヒメは鼻、口、尻からさまざまな美味しいものをとりだして、料理して差し上げた。そのときスサノヲはこの様子をのぞきみて、汚くして差し出すのだと思い、たちまちオオゲツヒメを殺してしまった。こうして殺された神の身体の頭から蚕《かいこ》が生じ、二つの目から稲種が生じ、二つの耳からは粟《あわ》、鼻から小豆《あずき》、性器から麦、尻から大豆《だいず》が生じた。

（古事記）

保食神《うけもちのかみ》（ウケモチ）は月夜見尊《つくよみのみこと》（ツクヨミ）をもてなすために、陸に顔を向けると口から御飯を吐き出し、また海に向けると魚を吐き出し、山に向けると獣を吐き出した。ところがツクヨミは穢らわしいといって怒り、剣でウケモチを殺してしまう。すると死んだ神の頭に牛馬が生じ、額の上に粟、眉の上に蚕、目のなかに稗《ひえ》、腹のなかに稲、性器に麦と大豆と小豆が生じた。

（日本書紀　第五段の一一）

食物の神オオゲツヒメやウケモチが、鼻や口や尻から食べ物を出すことは、犬や小さ子たちが大便や鼻水や垢として富や食べ物を分泌・排泄することとよく似ている。花咲爺さんの犬に金を排泄させるためには、鳥取の話のように毎日一定の量の食べ物を与えることを条件とする例が多い。これは犬が富を排泄するタイプの話に特有の要素だが、「ここ掘れ、ワンワン」といって宝を掘らせる場合にもこの条件がつく例を各地にみることができる。このことは、富を排泄するかたちから、宝を掘らせるかたちへと変化していった過程があったことを示している。

宝だけではなく、狩りの獲物も

花咲爺さんの犬は、山で不思議な狩りをしてたくさんの獲物をもたらしたと語られることも多い。

山を六つも七つも越えたところで、犬が「爺や爺や。ちょっくら、昼寝コしてでござえ」といって、あっつの山の鹿ァ寄って来ォ、こっつの山の鹿ァ寄って来ォ、って叫ぶと、山鹿がわさわさと寄ってきた。それを犬がみなかみ殺して捕った。「爺や爺や。起きてござえ」というので目を開けてみたら、山鹿が山盛りになっていた。

（山形県　佐藤義則編『羽前小国昔話集』岩崎美術社、一九七四年　要約）

富を排泄する話形が、新潟、石川、愛知、和歌山、中国・四国地方、九州、沖縄にみられるのに対し、狩りをする話形は、東北、中国地方、九州に分布する。中国、九州地方では両話形が共存しており、都市部を中心に分布する「ここ掘れ、ワンワン」のかたちよりも、ともに古いかたちを伝えているものと思われる。

『古事記』のオオゲツヒメが身体から排泄・分泌したのは食べ物だが、『日本書紀』ではウケモチは口から御飯だけでなく、魚（海の獲物）と獣（山の獲物）を吐き出したとされている。花咲爺さんの犬が狩りの獲物をもたらすというのも、記紀神話のウケモチにつながる古い食物神の能力を伝えている可能性がある。

死体から生まれる豊穣

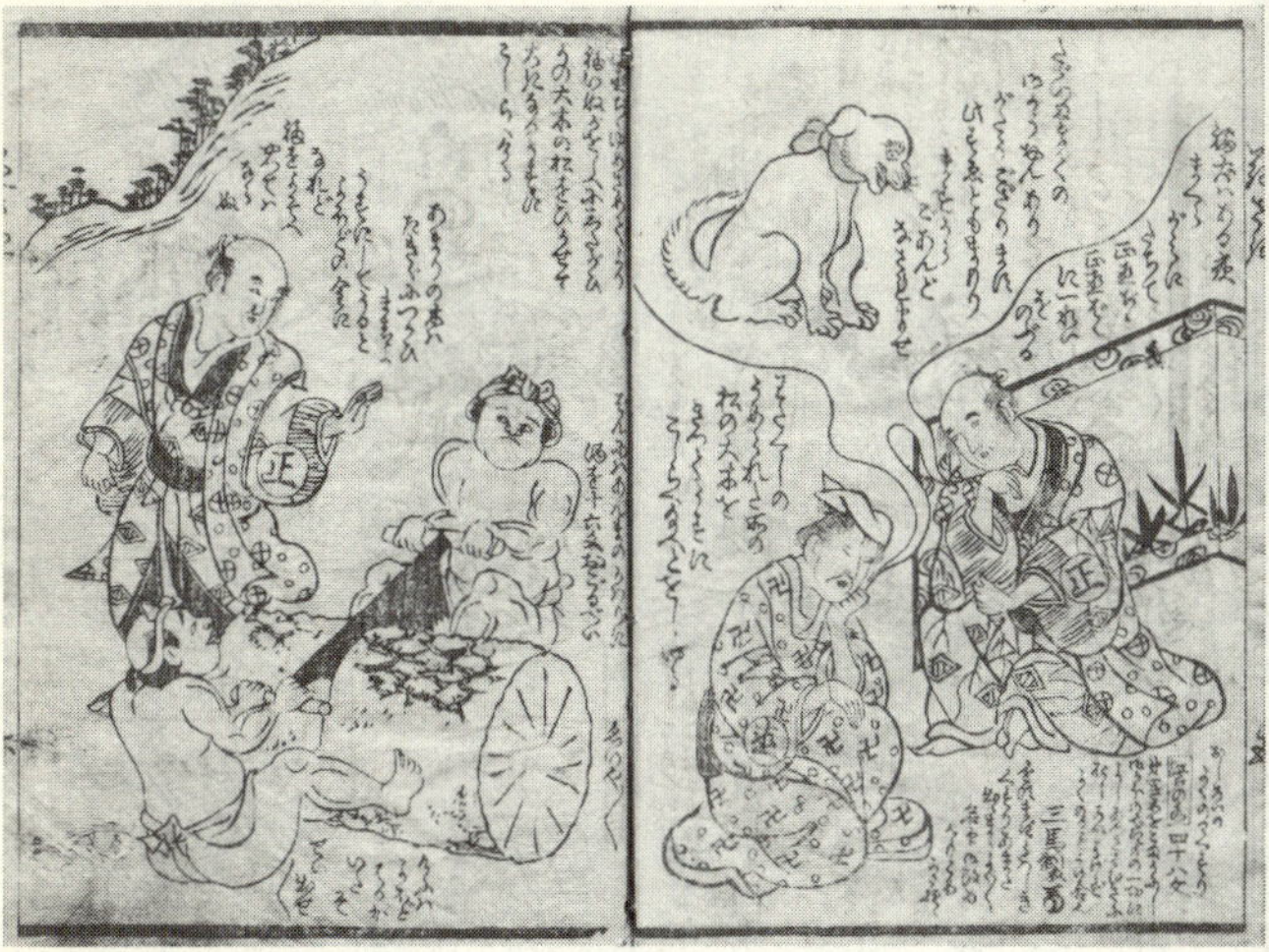

式亭三馬 補綴・歌川国丸 画「赤本 花さき爺」文化９年、国立国会図書館蔵

犬は正直爺さんには富をもたらすが、隣りの爺さんには汚物やガラクタをもたらしたので、殺されて埋められ、その死体から植物が生えてくる。この部分に関しては全国でほぼ共通している。犬の死体から生えてくる植物は、たいてい松、榎《えのき》、コメの木、竹などの樹木だが、蜜柑《みかん》、橙《だいだい》、梨《なし》、柿《かき》などの果樹となっている例も多いことが特徴的である。

今日よく知られた話形では、犬の墓に挿した木が急速に成長したので、お爺さんはそれを伐り、臼をつくってつくと大判小判が出たという。このようなかたちは都市部を中心に伝承され、犬が宝を掘らせる話形と同様に、比較的新しく成立したものであろう。全国各地で多く語り伝えられているのは、犬の死体から生えた木がその豊かな実り（金銀、小判、米、果実）によって、飼い主を豊かにしたとするものである。

屍を持ってきて埋めると三日目に木が生えさらに三日して大木になる。木をくすぐると米が降ってきたのでこれを次郎にも分けてやる。

（岩手県　関敬吾『日本昔話大成』4、角川書店、一九七八年）

するとそこに柿の木がちゅんちゅんとはえ、大きくなって柿の実やらお金がぶらぶらざらざらなって、落ちてきて家は繁昌する。

（鳥取県　稲田他編前掲書17）

弟は犬を取って帰り、埋めて一本の木を植える。木に花が咲き黄金（くがに）の実を結ぶ。それから正月七日にくがにの実を祖先に祀る。

（沖縄県　関前掲書4）

オオゲツヒメやウケモチが殺され、その死体から最初の穀物などが生じたように、「富を産出する犬が殺され、その死体から植物・果樹が生じて豊かな収穫をもたらした」というのが、この昔ばなしの本来の姿であったと考えられる。

灰をまく意味

各地に伝わる花咲爺さんの昔ばなしは、生えてきた植物の実りによって収穫を得たところまでで完結する例も多い。一方で、その後、犬が化した木（臼）を焼いた灰（あるいは犬を殺して焼いた灰）を枯れ木にまいて花を咲かせる展開をもつ話も多く、「花咲爺さん」というタイトルの由来ともなっている。しかしこれとは異なる結末をもち、「雁取り爺さん」とも呼ばれる、次のような話形がある。

じさまは犬の灰をもち屋根の上に上がって大きな声で、「雁の眼さ灰入れ」「じさまの眼さ灰入るな」と叫んで灰をまく。すると飛んできた雁の眼へ灰が入って二、三羽落ちてきた。下でばさまがそれを棒でたたき、雁汁をこしらえて食べた。隣りのじさまが真似をしたが灰が自分の目に入って落ち、ばさまにたたき殺された。

（青森県　斉藤正『津軽昔話集』岩崎美術社、一九七四年　要約）

このかたちは東北地方に集中して分布し、鳥取、鹿児島にもわずかに認められる。灰となって獲物を捕らせる犬は、生きているあいだは山で猟をしてたくさんの獲物をもたらしたと語られることが多い。

花咲かせ、雁取りのどちらの話形にも共通しているのは、「灰をまいて豊かな収穫を得る」という考え方である。その根底には、灰が生活のために重要な意味をもっていた、山地の焼畑耕作の文化が存在しているのではないかと考えられる。焼畑農耕において灰は唯一の肥料であり、収穫をもたらす生命力の源である。

そこでお爺さんが犬の灰をまいた場所に注目してみると、各地の類話のなかに、犬の灰を「畑にまいた」とする例が見出される。つまりお爺さんが隣家からわざわざ死んだ犬の灰をもらってきたのは、灰を畑にまいて「菜の物の肥料に」（山形県　佐藤編前掲書）するためだったのだ。またその灰が飛び散ると、草から「青々とした芽が出」たり（香川県稲田他編前掲書21)、豊作になったりしたという。

その灰をもらってくると風が吹いて田畑に飛び散り、よい爺のところだけ豊作になる。

（福島県　関前掲書4）

枯れ木に花を咲かせたり、雁を落としたりするよりも、このような効果の方が灰の本来の役割に近い。

花咲爺さんの犬は、古代神話の食物神と共通する性質をもつ（古川のり子「花咲爺伝承について」吉田敦彦『縄文土偶の神話学』名著刊行会、一九八六年）。犬は生きているあいだは身体から富を生み出し、殺されるとその死体から植物（果樹）を発生させる。そのような犬の力がこもった灰を畑にまくと、豊かな収穫がもたらされた。花咲爺さんの昔ばなしは、焼畑の文化を背景として、古い作物起源神話の痕跡をいまに伝える話だったのである。

第四話

浦島太郎

分断された乙姫の玉手箱

昔々、あるところに浦島太郎という漁師がいました。
ある日、海辺で亀がいじめられていたので助けてやると、
お礼に竜宮城へ連れていってくれました。
美しい乙姫に迎えられ、ご馳走《ちそう》や踊りでもてなされ、楽しく暮らしていました。
ある日、太郎は故郷が恋しくなり、地上へもどりたいと乙姫に話しました。
乙姫は太郎に玉手箱を渡し、「絶対にこの箱を開けないように」と告げます。
太郎は地上にもどりますが、まわりはすっかり様変わりし、知った顔もいません。
そこで乙姫にもらった玉手箱を開けると、煙が出てきて、
太郎はあっという間に老人になってしまいました。

千年前の物語

浦島太郎の物語は、古く奈良時代の文献のなかに登場する。『丹後国風土記《たんごのくにふどき》』（逸文）が伝える「浦島子《うらのしまこ》」の話は、次のようなものである。

与謝《よさ》郡日置《ひおき》の里（京都府宮津《みやづ》市）筒川《つつかわ》に住む水江《みずのえ》の浦の島子という男が小舟にのって大海で釣りをしていたところ、五色の亀を釣りあげた。その亀は、突然美しい女性に姿を変えた。彼女は風雲にのってやってきた天上の仙人で、島子と永遠に連れ添いたいという。島子が同意すると、彼女は蓬萊山《ほうらいさん》へ行こうといって彼を眠らせ、一瞬のうちに海中の大きな島に連れていった。そこはみたことも聞いたこともない美しさだった。立派な家の前に来ると、七人の童子、ついで八人の童子が現れ、「この人は亀《かめ》比売《ひめ》の夫だ」という。それで彼女の名が亀比売だと知った。亀比売は、七人の童子は昴星《すばる》、八人の童子は畢星《あめふり》だといって、彼を家のなかに導いた。

亀比売の父母は人間界と神仙界とのちがいを説き、酒やご馳走、歌舞などの宴を催して彼をもてなした。そして島子と亀比売は夫婦となった。ところが三年経ったとき、島子は望郷の念に駆られ、しばらく故郷に帰り父母に会いたいと告げる。別れにあたって亀比売は彼に「玉匣《たまくしげ》」（化粧用具を入れる美しい箱）を与え、「あなたがまたここへ帰ってこようと思うなら、決して開けないでください」といった。

島子が故郷にもどるとすでに三百年が過ぎていて、人もものもすべてが変わってしまっていた。呆然とした島子が玉匣を開けると、「芳蘭之体《よきらんのかおり》」が風雲とともに翻《ひるがえ》って天に昇っていく。彼はもう妻に会えなくなったことを悟り、むせび泣きつつ歩きまわった。

（丹後国風土記　逸文　筒川の島子）

『万葉集』にも、これとほとんど同じ内容を含む歌があるが、そこには浦島子の最期の様子がさらにはっきりと詠われている。

この箱を開けてみたらもとどおりに家が現れるのではないかと思って玉くしげを少し開けると、白雲が出て常世《とこよ》の方へたなびいた。そこで彼は立ち走り、叫んで袖を振り、転がり、足摺《あしずり》をしながら、たちまち気を失った。若かった肌も皺々《しわしわ》になり、黒か

渋川版「御伽草子」より第21冊「浦嶌太郎」江戸時代、国立国会図書館蔵

った髪も白くなった。ついには息
も絶えて死んでしまった。
（万葉集　巻九－一七四〇）

現代に伝わる昔ばなしでは、浦島太郎を竜宮城《りゅうぐうじょう》へ導く「亀」と「乙姫」は別々の存在だが、古代の伝承では同一の存在（亀比売）となっている。この点を除けば、千年を隔てた話の内容に大きなちがいはない。どちらにおいても聞き手・語り手の最大の関心は、異界と地上に流れる時間の差異と、土産《みやげ》の玉手箱（玉匣）にある。玉手箱とはなにか、なぜそれを開けると浦島太郎は老化して死ななければならないのだろうか。

連続から不連続へ

神話学者の吉田敦彦氏はこの問いについて、アメリカ大陸の先住民たちの神話と照らし合わせることによって興味深い答えを出している(『豊穣と不死の神話』青土社、一九九〇年)。以下にその内容を紹介する。

トゥクナ族　昔、一人の娘が成女式の儀礼で不死を願ったとき、小屋のなかで祭宴が催された。ところが、亀と婚約していた淫乱な娘が小屋の外で愛人の鷹とべたべたしていたので、亀が呪いの言葉をあびせると、突然小屋のなかのバクの皮の敷物がみんなをのせたまま空中に浮かび、天に昇っていった。とり残された淫乱な娘に兄弟たちが一本の長いつる草を投げてやったが、途中でつる草が切れ、娘は落下して鳥の姿になった。

亀は地上でビールがいっぱい入った甕《かめ》を打ち砕く。すると、ウジが涌きうようようごめいていたビールが地面に流れ、蟻とほかの脱皮をする生物たちがそれを嘗《な》めて、そのおかげで老いることがなくなった。そのあと亀も鳥に変身して昇天し、天界に昇った者たちの仲間入りをした。彼らは、天上で月の暈《かさ》、またはすばる星となった。

テネテハラ族　昔、一人の娘が蛇を愛人にして息子を産んだ。息子は一人前の若者になっても、毎日夕方になると母の子宮のなかに入り込んでいた。あるとき母が隠れたので、息子は胎内に入ることができなかった。夜になると彼は一条の光線に変身して、弓と矢をもって天に昇っていき、その弓矢を細かい破片に砕いた。すると、それらが夜空にきらめくたくさんの星になった。ただ、蜘蛛《くも》だけが眠らずにいて、星の発生する光景を目撃した。この事件が起こる前は、人間やほかの動物たちもみな、年をとると皮を脱ぎ変えていたが、このときから蜘蛛以外のものはそれができなくなり、死ななくてはならなくなったという。

これらの神話では、「甕」あるいは「弓矢」という、それまで切れ目のない連続体（かたまり）であったものが、ばらばらに分割される事件が起こる。それによって原初の混沌の状態に終止符が打たれ、事物のはっきりした区別がつけられて秩序が発生したことが語られているという。

たとえば、星の発生の物語は、それまで暗黒で混沌《こんとん》としていた夜空に多くの星ができることで、はじめて光による切れ目が入り、星座や天体が識別できるようになったことを意味する。連続体を不連続体にすることで切れ目を入れ秩序化することは、時間においてもなされる。人間やほかの多くの生物たちはこのとき永遠の生を失い、死と誕生によってさまざまな周期の断片に区分される時間を生きるようになった。

ところが、こうして成立した世界のなかで、破壊された甕から流れ出た「腐ってウジの涌いたビール」（混沌そのものの様態を表す）を嘗めた蟻と脱皮する生物たち、そして連続から不連続への転換の瞬間をみていた蜘蛛は、連続的混沌を体内にとり込むことで、不老の生を維持することになった。トゥクナ族の神話では、さらに遠く天上に脱出して永遠の連続的生を享受することになった者たちが、「月の暈」、あるいは「すばる星」になったと語られている。

永遠の生を表す「すばる星」

すばる星（プレイアデス星団）は小さい星が集まって構成される星団で、肉眼で六つあるいは七つの星がみえる。日本では「六連星《むつらぼし》、七つ星、群星《むらがりぼし》」などとも呼ばれてきた。

アメリカ大陸の先住民たちは、この星を「地面の上にまかれた一握りの粉」「花束」「綿毛」「蜂の群れ」「叢林《そうりん》」「目のあらい籠《かご》」「インコの群れ」「山積みにされた星」などと呼ぶ。すばる星は個々の星の区別が曖昧《あいまい》なため、このように同種の生き物の群れや一様なものの漠然とした集まりとみなされている。それゆえに、すばる星は世界秩序の外でいまなお、混沌とした連続的生を維持する者たちの姿を表すのにふさわしいといえる。

すばる星の起源を語る次のような神話がある。

マクシ族　昔、七人の子どもたちが、ひっきりなしに食べ物を求めて泣きやまなかった。母親は「年がら年中食べ物をあげ続けているのに、あなたたちはけっして満足しないじゃないか。なんという大食いなんだろう」といって叱り続けていた。あるとき母親が焼いたバクの顎《あご》を投げ与えると、子どもたちは「これじゃあ足りないよ」と抗議して、もう地上を去り、みんなで天に昇って星になることに決めた。そして手をつないで、歌い踊りながら空中に上がっていき、夜空にみえるすばる星になった。

すばる星は七人の兄弟たちで、彼らは食事の時間が途切れることを断固拒否し、食事の時間の連続性を保とうとした。その彼らが手をつなぎ合い、連続した姿で天に昇り、すばる星になったとされているので、ここでもすばる星は、この世界の外で連続的な生活を続けている者たちの姿だとされている。

分断されてしまった玉手箱

『丹後国風土記』の浦島子の物語にも、すばる星を表す七人の童子が登場する。「蓬莱山」とも「常世」とも表記される神仙世界にやってきた浦島子を迎えたのは、すばる星の七人の童子と、畢星の八人の童子たちだった。すばる星を、世界の果ての仙郷で不老不死の暮らしを続ける七人の子どもの群れによって代表させることは、アメリカ大陸先住民の神話の観念と一致する。

そこで吉田氏は、浦島子が玉匣のふたを開けたために、不死の世界に二度ともどれなくなったという話の意味を、これまでみてきたアメリカ大陸先住民の神話に照らし合わせて解釈してみせる。それらの神話では、「甕や弓矢」などが不連続な断片に破砕されることによって、人間や多くの生き物の生も、死によって分断されるようになったと語られていた。浦島子の場合も、彼が「玉匣」をふたと身の二部分に分割したことで、自分自身の生も死によって不連続とされるよう運命づけられてしまったのだ。分断された玉匣から溢《あふ》れ出た「芳蘭之体」（芳しいなにか）は、破砕された甕から流れ出た腐ったビールに相当する。それまで浦島子を不老不死にしていたこの模糊《もこ》としたなにものかは、風と雲によって運ばれて天に昇っていき、浦島子はもはや不老不死であり続けることができなくなった。

なぜ浦島太郎は死ななければならないのか

玉匣から立ち昇った混沌としたなにか――「芳蘭之体」（丹後国風土記）、「白雲」（万葉集）、「白煙」（昔ばなし）は、異郷へとたなびいていく。浦島子は最後に、亀比売のいる世界を思いながら歌を詠った。

常世辺《とこよべ》に　雲立ち渡る　水江の　浦島の子が　言《こと》もち渡る

常世（海の彼方の理想郷）の方へと雲がたなびいている。水江の浦島子の伝言をもって雲がたなびいている。

（丹後国風土記　逸文）

異郷とこの世のあいだに立ち渡る雲は、浦島子の伝言を妻に届ける架け橋であると同時に、二つの世界を分ける境界線でもある。浦島の話における異郷は、海中あるいは海の果ての世界だが、『丹後国風土記』では亀比売は「天の上なる仙家之人」（天に住む仙人）とも呼ばれ、その身のまわりにはすばる星や畢星の童子たちがいるとされる。この世界は天上界とも重ね合わされているようだ。

そこで昔ばなし「浦島太郎」の主人公が訪れる竜宮世界を、天上世界におき換えてみよう。そうすると竜宮城の乙姫は、羽衣を着た天女に相当することになる。「浦島太郎」と同様に、永遠の生をもつ女性と人間の男性が離ればなれになってしまう昔ばなし「天人女房」も全国各地に広く伝承され、奈良時代までさかのぼることのできる古い物語である。

三ネモ（三右衛門）という若い猟師が、山の木の枝に美しい着物がかけてあったので持ち帰る。池で泳いでいた天女が三ネモのところにやって来て嫁になった。子どもが生まれて三つになったとき、床柱の下の埋め木の中に羽衣を見つける。天女は「会いたいなら、千荷《がい》の肥《こえ》の上にこの種をまき、つるを伝って来い」と書き置いて、天に帰った。

三ネモはその通りにして天に昇り、瓜畑の番を命じられる。「なんぼ瓜がうれてもとって食うことはならんで」と言われたが、三ネモがうっかり瓜を食うと大水が出て流される。七夕様（天女）が「七日、七日に会うでえ」と叫ぶが、悪魔が「七月七日に会うでえ」と取り次いだので、二人は年に一度、七月七日の晩に会うことになる。三ネモの流された川は天の川となり、その子孫は今に残っているという。

（京都府中郡《なか》　稲田浩二他編『日本昔話通観』14、同朋舎、一九七七年）

天女の夫である男は、天まで伸びた瓜《うり》（夕顔、胡瓜《きゅうり》、南瓜《カボチャ》、糸瓜《へちま》、冬瓜《とうがん》、瓢箪《ひょうたん》）のつるを伝って昇天し、天の瓜畑の番をする。そして天女に厳しく忠告されていたにもかかわらず、瓜を食べた、もぎとった、割った、あるいは縦に（横に）切った。すると瓜から大水が出て天の川となり、男は下界に流された。または川の向こう側に行き、夫婦は天の川をはさんで向かい合う織女星《しょくじょせい》と犬飼星《いぬかいぼし》になったという。

浦島太郎が禁を犯して玉手箱をふたと身に分割したように、天女の夫はやはり禁止に背いて、瓜に切れ目を入れてしまった。この瓜が天界と人間界をつなぐ絆《きずな》としての意味をもっていたことは、人間の男がそのつるを伝って天に昇ったことによって明示されている。世界の割れた瓜から溢れ出た大水は、玉手箱から立ち昇った白煙に対応するものである。世界の模糊とした連続性を表す「白煙、芳蘭之体、白雲」が、常世辺に立ち渡る雲となって浦島子と異郷の妻とのあいだを隔てたのに対して、瓜の水は、無数の星々の集合体である「天の川」となって夜空を流れ、天女と人間の男のあいだに境界線を引き渡した。

最後に七夕の起源が語られるタイプの話では、このときから毎年、七月七日に七夕祭りが行われるようになったとする。乙姫の玉手箱と天女の瓜は、どちらも切り分けられることで、人間たちに生と死、季節によって区分される周期的な時間を生きることを運命づけたのだ。

昔ばなしの論理を読み解く①

灰を撒《ま》いて枯れ木に花を咲かせる「花咲爺さん」、瓜《うり》から生まれた「瓜子姫」、犬と猿と雉《きじ》を連れて鬼退治をする「桃太郎」、お爺《じい》さんがおむすびと一緒に穴に転がり込む「鼠浄土」、竜宮城《りゅうぐうじょう》の乙姫《おとひめ》様から玉手箱をもらう「浦島太郎」。これらはみな日本でおなじみの昔ばなしで、それぞれにまったく異なる内容を持つ話だ。

しかし「花咲爺さん」の犬も、瓜子《うりこ》姫《ひめ》も、桃太郎も、水の世界から出現しお爺さんお婆さんに拾われて育てられ、そのあと悪者（欲張り爺婆《じじばば》・天《あま》の邪《じゃく》鬼・鬼）と出くわしている。また桃太郎も、「鼠浄土」のお爺さんも、浦島太郎も、異世界を訪れて土産《みやげ》を持って帰ってきた。それは「舌切り雀」や「こぶ取り爺さん」のお爺さんにも共通する行動である。よく見れば日本の昔ばなしには、似たような話がたくさんあることに気づく。しかしこれらはただ無秩序に存在しているわけではない。互いに対立し合いながら全体の中でそれぞれが独自の位置を占めて存在しているので、その背後には一貫した論理＝世界観というべきものがある。ここでは最初にあげた五つの昔ばなしを取り上げ、「花咲爺さん」から「瓜子姫」へ、「瓜子姫」から「桃太郎」へ、「桃太郎」から「鼠浄土」へ、「鼠浄土」から「浦島太郎」へと話が変換されていく変形の過程をたどり、その背後にある論理を読み解いていく。

花咲爺さん／瓜子姫

まず「花咲爺さん」と「瓜子姫」の話を対比してみる。「瓜子姫」というのは、川を流れてきた瓜から生まれた女の子がお爺さんお婆さんに養われて美しく成長したが、天の邪鬼に襲われて殺害される（西日本では殺されずに柿の木に吊《つる》されたと語られることが多い）。天の邪鬼は瓜子姫の皮を被《かぶ》って嫁入りしようとするが正体がばれて殺され、その血によって根本の赤い蕎麦《そば》が誕生したという話だ。

「花咲爺さん」と「瓜子姫」の話の主人公（犬・瓜子姫）はどちらも水の世界からやって来る。犬は主に東北日本では川を流れて、西日本では海の神からの授かり物として出現する。瓜子姫は川を流れてきた瓜から誕生した。犬も瓜子姫もお爺さんお婆さんに大切に育てられ、犬は「ここ掘れ、ワンワン」と吠《ほ》えて宝物を掘らせ、瓜子姫は毎日機織りをして養い親たちの役に立って暮らしていた。

ところがそこへ隣の欲張り爺婆、あるいは天の邪鬼が現れる。犬は殺されて樹木となり、その木で作った臼《うす》となって正直爺婆に富をもたらすが、ふたたび壊され焼かれて灰となり枯れ木に花を咲かせたという。瓜子姫も天の邪鬼に殺され、瓜子姫の皮を被った偽瓜子姫（天の邪鬼）となるが、その偽瓜子姫も殺されてついには根元の赤い蕎麦、茅《かや》などになった。犬が臼に変化して再度焼かれて殺されたように、瓜子姫もまた偽瓜子姫となってもう一度殺されている。

こうしてみると「花咲爺さん」と「瓜子姫」の話は見かけほど異なるものではなく、じつは「水界から現れた主人公が爺婆に拾われて大切に育てられ、その特技によって役に立って暮らしていたが、悪者に二度殺されて植物になる」物語として、共通する筋を持っていることがわかる。では、その両者を異なる話にしている特徴的な相違はなにか。それは主人公が「犬」か「人間」かという違いである。動物である犬には、道具を使わずただ吠えて宝物を発見させるという「魔術」的で「自然」的な特技が付与され、人間である瓜子姫には、機織りという「文化」的な特技が割り当てられている。

瓜子姫／桃太郎

「瓜子姫」の話を今度は「桃太郎」の話と比較してみる。この場合の主人公はどちらも川でお婆さんが拾った果実（瓜・桃）から生まれた「人間」で、お爺さんお婆さんに大切に育てられるが、悪者（天の邪鬼・鬼）と対決することになる。ここまでの物語はほとんど同じだといえる。

ところがこのあと、両話は正反対の方向に展開していく。瓜子姫は家の中に天の邪鬼の侵入を受け入れ、殺害されて偽の瓜子姫となり、偽瓜子姫がまた殺されて蕎麦や茅となって生まれ変わった。桃太郎は自ら鬼の住処《すみか》に侵入して攻撃し、鬼たちを殺し宝物を奪って帰還した。

「瓜子姫」と「桃太郎」の話はどちらも「川を流れてきた果実から生まれた人間が悪者と対決する」という基本的な筋を共有する物語だが、一方は主人公が悪者に退治される不成功譚《たん》、他方は主人公が悪者を退治する成功譚となっている。このあべこべの結末を生み出した両話の特徴的な相違は、主人公の性別にある。それが主人公の敵に対する態度や運命と呼応していると考えられる。「女」である瓜子姫は敵の侵入を「受け入れ」、その結果死んではまた生まれ変わるという、自然の循環に似た「死と再生」の運命をたどる。「男」である桃太郎は敵地へ「侵入」して攻撃し、相手を殺して自分は生き残るという「生か死か」の運命をたどるのである。

桃太郎／鼠浄土

次に「桃太郎」の話と「鼠浄土」の話を対比する。「鼠浄土」は「おむすびころりん」の名称でよく知られている。お爺さんが転がるおむすびを追いかけて穴の中に入って行き、鼠たちに歓迎されて土産をもらって帰って来たが、真似をした欲張り爺さんは失敗をするという話だ。

「桃太郎」と「鼠浄土」の主人公はどちらも「人間」の「男」である。両者とも異世界（鬼ヶ島・鼠浄土）に入っていくが、桃太郎は「黍団子《きび》」を利用して仲間を率いて乗り込んで行き、「鼠浄土」のお爺さんは「おむすび・団子」に先導されて穴の奥へと転げ込んだ。異世界で桃太郎は鬼と戦い、お爺さんは鼠の歓待を受け、主人公はどちらも結果的に異世界の住人から宝物を獲得して帰って来たと語られている。

つまりこの二つの話もまた「人間の男が団子を使って異世界に行き、そこの住人から宝物を手に入れて帰って来る」という筋を共有する物語である。両話の間の大きな相違は、主人公が「子ども」か「大人」かという点にある。この違いが、宝物獲得をめぐる主人公の行動の性質の違いを導き出していると考えられる。「子ども」である桃太郎は、犬や猿や雉と一緒になって動物並みの「暴力」を振るって鬼と戦い宝物を奪い取るが、「大人」であるお爺さんは戦うことなく、異界の住人と「対話」して「平和」的に宝物を贈与されることになる。お爺さんが地蔵の知恵に従って鬼の宝を騙《だま》し取って帰る「地蔵浄土」や、上手に踊って鬼を楽しませこぶを取ってもらって帰る「こぶ取り爺さん」、雀のお宿で歓待され土産の葛籠《つづら》をもらって帰る「舌切り雀」は、「鼠浄土」とごく近いところに位置する昔話である。

鼠浄土／浦島太郎

最後に「鼠浄土」の話と「浦島太郎」の話を比較してみよう。浦島太郎は各地で「ある男」、「八十歳の母を養う漁師」などと呼ばれ、すでに一人前の男として伝承されている。したがって両話の主人公はどちらも「人間」の「男」の「大人」である。彼らはともに何か（おむすび・亀）に仲介されて異世界（鼠浄土・竜宮城）に入り、そこの住人に歓迎されて平和的に応対し、土産の宝物（餅《もち》や財宝・玉手箱）をもらって帰って来た。ところがこのあと両話は正反対の結末を迎える。「鼠浄土」のお爺さんは地上世界に帰ってそのまますんなりもとの生活に戻ったが、浦島太郎は地上に帰っては来たものの、そこはすでに三百年も経ったあとの世界で、もとの生活に戻ることができなかった。そこで浦島太郎は土産の玉手箱を開けてみる。玉手箱から出た煙は浦島太郎を一瞬のうちに老化させて死へと導き、彼が竜宮城に戻る機会は完全に失われてしまった。

「鼠浄土」と「浦島太郎」の話も「異世界に導かれて入った人間の大人の男が、その住人から土産の宝物をもらって帰って来る」物語という、共通する筋を持つ。この二つの話にあべこべの結末をもたらしたのは、主人公が「老人」か「若者」かの違いであると考えられる。「老人」にとって、異世界とこの世は時間的にも空間的にも連続した世界であり、老人は異世界とこの世の間を繰り返し行き来することができる。しかし成人した「若者」は異世界に招かれた場合でも、結果的に異世界との間に大きな断絶を生じさせ、二度と行けない世界とするために作用する。「老人」と「若者」の相違は、両話の主人公が他界と関係するあり方としての「連続」的か「断絶」的かという違いに対応しているのである。

変形の論理

こうして見ると、五つの昔ばなしはバラバラに存在しているわけではないことがわかってくる。「花咲爺さん」の主人公を犬から女の子に入れ換えれば、共通する筋を軸としてその他の要素も連動して変化し「瓜子姫」の話に変形する。「瓜子姫」の女の子を男の子に変換すれば「桃太郎」の話になり、「桃太郎」の男の子をお爺さんに変換すれば「鼠浄土」になり、「鼠浄土」のお爺さんを若者に変換すればそれに伴って多くの要素が変化して「浦島太郎」の話が出現することになる。

このような変形は一貫した規則に従っている。その規則は、伝統的な日本の社会のなかで「犬／人間」「女／男」「子ども／大人」「老人／若者」に対して付与されてきた価値を基盤とする。それぞれの下側の項目（人間・男・大人・若者）は、私たちが「文化」の側に位置付けてきた存在である。それに対して上側の項目（犬・女・子ども・老人）は、「自然」と「文化」、あるいは「あの世」と「この世」の中間的な存在として価値付けてきた者たちである。女性はあの世とこの世の境目に立ち、その体を通路として子どもをあの世からこの世へ生み出すと考えられてきた。また犬も太古から人間とともに暮らす家畜として、自然（あの世）と文化（この世）の中間に位置付けられ、妊娠五ヶ月目の女性は戌《いぬ》の日に岩田《いわた》帯を通路（腹）に巻いて、そこに立つ犬が子どもを無事にこの世へ導くことを願った。あの世から生まれてきた「子ども」は「七歳までは神の内」と言われ、まだ完全な人間になりきれていないような、動物や神に近い存在だとみなされている。「老人」もまた翁神《おきながみ》や山姥《やまんば》などのように、この世の人間の枠から一歩踏み出したあの世の神や化け物に近い性質を付与されてきた。

昔ばなしに登場する「人間の男で大人である若者」は、文化的な道具を用いて働き、異世界に侵入して攻撃あるいは対話するが、結局はあの世とこの世のつながりを断絶させることになる。「見るなの座敷」の昔話でうぐいすの里を訪れた男も、「鶴女房」などの異類の女房を得た男も、最後には禁を犯して異界との結びつきを切断してしまう。一方で犬や女、子ども、老人は、魔術的な力を発揮し、死んで再生する運命を受け入れ、異世界に行けば動物のように暴れ、あるいは交流して土産を持って再びこの世に帰って来る。彼らにとってあの世とこの世はつながったままである。ただし欲張って富を得ようとした場合は、その限りではない。

第五話

鬼の子小綱

笑いと性の力が春を呼ぶ

娘が一人留守番をしていると、鬼が現れます。
鬼は娘を誘拐し妻としました。
おじいさんは娘を探しまわり、島で再会します。
娘はおじいさんを隠しますが、鬼は「人間のにおいがする」と疑います。
娘はおなかに子どもがいるから、と嘘をつきます。
娘はおじいさんと、鬼とのあいだにできた子どもを連れて舟で逃げ出します。
鬼が川の水を吸い込んで舟を引き寄せますが、
娘がお尻をたたくと鬼が笑って水を吐き出し、無事逃げることができました。
しかし、鬼の子である小綱は人間と暮らすことができず、里を追われました。

お尻をたたくことの意味

鬼にさらわれた娘や妻を助け出して帰ってくるという昔ばなしの一つに、「鬼の子小綱《こづな》」がある。小綱というのはさらわれた女性と鬼のあいだに生まれた子どもの名前で、これは岩手地方の名称だが同類の話は日本各地に広く伝承されている。

両親の留守に娘が鬼にさらわれ、女房にされて鬼の子を身籠《みごも》る。父親が川むこうの島に渡って鬼の家を尋ねると、娘が「父の来るところでない。鬼に食われる」と父親を石の唐櫃《からびつ》に入れる。鬼が帰ってきて、「人間臭い」と言うが、娘が「腹の中の赤子の匂いだ」と言ってかくまい、男子を生んで小綱と名づける。娘は、父親と小綱を連れて舟に乗って逃げるが、鬼が気づいて川水をすごい勢いで飲み、舟は川岸に引き寄せられる。娘がとっさに腰巻きをまくって尻を叩いたので、鬼は大笑いし水を吐き出し、三人は助かり里に帰る。小綱は成長して人を食いたくなり、「殺してくれ」と柴の中に入って火をつけてもらい灰になった。その灰が風に吹かれて蚊になり、蚊は今でも人を食う。

（岩手県遠野《とおの》市　稲田浩二他『日本昔話通観』3、同朋舎出版、一九八五年）

この昔ばなしに登場する女性は、鬼の世界から脱出して人間界に生還するために、きわめて奇妙な行動をとる。川や海の水を飲み込んで追ってこようとする鬼に向かって、着物をまくり上げ、尻をむき出しにしてみせるのだ。その様子は次のようにも語られている。

娘は小綱に言われ、鬼のほうに腰巻きをめくって尻を向け、小綱が櫂《かい》でペタペタ叩くと、鬼は大笑いをして水を吐き出し、舟は向こう岸に着き三人は無事に家に帰る。

（岩手県遠野市　稲田他同書3）

かたづらっこ（片面鬼）、「尻、たたけ」て、いって、三人ながら、尻出して、バッチ、バッチとたたいたと。鬼達おかしくて、ブーッと水ふいたけ、その間に舟ももどって、家さついいたと。

（秋田県八郎潟《はちろうがた》　稲田他同書5）

鬼が川の水を飲み干したので、母にぼぼをたたかせると吹き出す。その水の勢いで一気に村に帰り着く。

（福島県南会津《みなみあいづ》郡　関敬吾『日本昔話大成』7、角川書店、一九七九年）

多くの類話では「尻を出して」と表現されているが、福島県の例で「ぼぼ（女性器）」

ラフカディオ・ハーン 訳
"The Old Woman Who Lost Her Dumpling"
（団子をなくした婆）T. Hasegawa 刊
1926年、ニューヨーク公共図書館蔵
「鬼の子小綱」の話ではないが、婆が
しゃもじを振り回して鬼を笑わせている。

とはっきり語られているように、本来、女性器を露呈してみせるものであったと思われる。鬼の住む異世界から脱出する道が閉ざされようとしたとき、女性器をむき出しにして鬼を大笑いさせることが、生の世界への道を開いた。女性器と笑いは、人間が生きていくために重要な力を発揮すると考えられていたようだ。

アマノウズメの裸踊り

古代の神話には、女性器を露出させて踊り、神々を大笑いさせることで世界を救った女神が登場する。アマノウズメ（天宇受売神・天鈿女命）である。

『古事記《こじき》』『日本書紀《にほんしょき》』の神話によると、スサノヲの乱暴を怒ったアマテラスは、天の岩屋に籠《こ》もり岩戸を固く閉ざしてしまった。すると世界は太陽の女神を失って真っ暗となり、世界秩序が崩壊して混沌《こんとん》の状態に陥った。

高天《たかま》の原《はら》の八百万《やおよろず》の神々は、アマテラスを岩屋から招き出すために岩戸の前で祭りを行う。このとき祭りの最後に登場し、アマテラスに岩戸を開けさせるにあたって重要な役割を果たしたのがアマノウズメという女神であった。

アマノウズメが天《あま》の香山《かぐやま》の日陰蔓《ひかげかずら》を襷《たすき》にかけ、真析蔓《まさきかずら》を髪飾りとして、天の香山の小竹の葉を束《たば》ねてもち、天の岩屋の戸の前に伏せた桶を踏み鳴らし、神懸かりして胸の乳房を出し、裳《も》の紐を女性器まで下ろした。すると高天の原が鳴り響くほどに、八百万の神々がいっせいに笑った。アマテラスは不思議に思い、天の岩戸を細く開けて内側からこういった。「私が閉じ籠もってしまったので、天界は暗く、また下界の葦《あし》原《はら》の中《なか》つ国《くに》もすべて真っ暗だと思うのに、どうしてアマノウズメは歌い舞い、八百万の神々はみんな笑っているのか」と。アマノウズメが「あなたよりもっと貴《とうと》い神がいるので、喜び笑って歌舞をしているのだ」といっているあいだに、天児屋命《あまのこやねのみこと》と布刀《ふと》玉命《たまのみこと》が鏡を差し出してアマテラスにみせると、アマテラスはますます不思議に思い、少しずつ岩戸から出て鏡に映る姿をのぞきみる。そのとき、隠れて立っていた天手《あまのた》力男神《ぢからをのかみ》がその手をとって引き出すと、すぐに布刀玉命がしめ縄をアマテラスの後ろに引き渡し、「ここから内側にもどってはならない」といった。こうしてアマテラスが出現すると、高天の原も葦原の中つ国も自然と照り輝いて明るくなった。

（古事記）

アマテラスの岩戸隠れは、太陽の女神の象徴的な死を意味する。アマノウズメが歌い舞い女性器を開示すると、神々は口を開いて哄笑《こうしょう》し、それによってアマテラスも口を開いて言葉を発し、ついには岩戸を開いて再生を遂げる。こうして永遠の夜は明け、世界に光と秩序が回復した。

吉田敦彦氏はアマノウズメの本質を、「閉ざされている口、通路を開く」機能にあるとする（『小さ子とハイヌウェレ』みすず書房、一九七六年）。またアマノウズメの歌舞は、宮中の鎮魂祭で行われる御巫《みかんなぎ》の所作と呼応することが知られている。冬至のころに催される鎮魂祭は、衰えた太陽（アマテラス・天皇）の再生と、冬から春への扉を開くことを願うものである。

女性器の露出が笑いを生む

ギリシア神話にも、悲しみに沈んでいた大地の女神デメテルに、バウボという女性が自らの女性器をみせて笑わせ、大地の生産力を回復させたという話がある。

松本信広氏によると、アマノウズメやバウボによるこうした女性器の顕示は、分娩をやめた怒れる自然（アマテラス、デメテル）に豊饒《ほうじょう》多産を回復させるためのものであり、自然を再生させることは、女神を笑わせ機嫌をとりもどすこととして神話的に表現されている。世界各地の神話や冬の祭りにおいて笑いが重要な役割をもつのは、笑いが冬の吝嗇《りんしょく》な神の口をゆるめ、豊かな食物がはき出されるからであるという（『日本神話の研究』平凡社、一九七一年)。

松本氏が指摘しているように、日本の冬の祭りにも「笑い祭り」と呼ばれるものがある。

山口県防府《ほうふ》市大字大道に属する一部落小俣という所(一八〇戸)に、「笑い講」という行事がある。旧暦十一月晦日、旧来のしきたりに従い「二十一名」と称する旧家二十一軒(これ以上ふえても減ってもいけないという)の当主が集まり、幣《ぬさ》・榊《さかき》・稲穂《いなほ》二把・掛《かけ》の魚などを飾り立て、頭屋は饗応の限りをつくし、ついに杵《きね》をふるって強い食いさせる式もやったのち、上座に坐った者のあいだで、たがいに榊をもって、〝さあ笑いましょう〟〝ハハ、ハハ、ハ〟と対話風にやるのである。「笑ふこと真の笑ならざれば、次に出る者、改め笑ひ給へといふ。かかるときは、幾度も笑ひかへて真の笑ひになるまで笑ふ事なり」(近藤清石「山口名勝旧蹟図誌」)というのだからこわい。

(萩原龍夫『祭り風土記』下、社会思想社、一九六五年　傍線古川)

(和歌山県)日高《ひだか》郡川辺《かわべ》町江川の丹生《にう》神社で旧暦十月初卯の日に行われていたが、神社合祀後は江川丹生神社で十月十七日の秋祭の日に行われるようになった。笑祭の起源は「オトビ」といって旧暦十月一日は全国の神々が出雲《いずも》の国に集まることになっている。この時丹生大明神という女神が朝寝坊をして神々において行かれてしまったので大いに笑われ笑祭が起こったと伝えられる。また一方この社のみ神無月《かんなづき》に祭祀を行うので笑われて起こったともいう。（中略）宮まで「わらえ、わらえ」といいながらお渡りをする。社前では宿老の「笑え」との発音で一同大口をあけ大声で笑って式を終える。この行事には一家より必ず男一人が参加し、衣装は羽織袴で人数は二、三十人であった。

（宮本常一編『日本祭礼風土記』2、慶友社、一九六二年　傍線古川）

和歌山県川辺町の丹生神社の笑い祭りは、祭神の女神が慌てて出雲大社に駆けつけたとき、湯具も締めずに裸のままだったので神々に笑われたことからはじまるともいう（中山太郎「悪口祭」『日本民俗学　神事篇』大和書房、一九七六年）。

ここでも女性の裸身と笑いが結びついている。このような笑い祭りは、アマノウズメの笑いの力がアマテラスを再生させ、永遠の夜《冬》から朝《春》への道を開いたように、「一同大口をあけ大声で笑」うことによって冬から新しい生産力に満ちた春へと世界を転換させ、年を明けさせることをその本質とすると考えられる。

近年、節分の日に恵方《えほう》に向かって大きく口を開け、巻き寿司を食べる習慣が流行している。これは、年神《としがみ》が訪れてくる方角へ口を開くことで新しい年を明けさせ、春の生命力を体内にとりこむことを意味していると思われる。

子どもに尻をたたかれる花嫁

昔ばなしの女性は、ただ尻を出すだけではなく、「バッチ、バッチ」「ペタペタ」と尻をたたくという独特な振る舞いをする。これと同じようなことを和泉式部《いずみしきぶ》がしようとしたと、『沙石集《しやせきしゆう》』（巻十末　鎌倉末期）にある。夫の愛を回復しようと祭りを行ったとき、巫女が和泉式部に「前をかき上げ、たたいて三度まわる」ように教えたという。女性器を露出してたたくというこの所作は、夫とのあいだに絆《きずな》を結び、春を回復させるためのものである。

また、小正月に行われる「嫁たたき」と呼ばれる行事がある。これは『枕草子《まくらのそうし》』にも記載されている古い行事で、子どもたちが若い女性の尻を棒でたたくというものだ。

宮城県牡《お》鹿《しか》半島の村々では正月十四日の晩、少年青年が組を作って、カツの木の棒の二尺ばかりのものを持ち、他人の家に押掛《おしか》けて主として婦人の臀《しり》を軽く叩《たた》いて、福を授けるといふ行事があり、是をガッティと謂っている。

（宮城県　柳田国男『歳時習俗語彙』民間伝承の会、一九三九年）

対馬《つしま》の豊崎《とよさき》村でも、同じ日（正月十五日）にコッパラの棒で新婦の尻を叩くことを、嫁の尻叩きといひ、其時の子供の唱《とな》へごとには、子もて子もて　卵のような子もてといふのもある。

（長崎県対馬　柳田同書）

女性の尻を棒でたたくことは男女の結合を意味する。新春に女性の産む力を活性化するのがこの行事の目的である。

また宮中の鎮魂祭においてアマノウズメの役割を担った御巫も、手に矛《ほこ》あるいは賢木《さかき》をもって桶をたたいたと伝えられている（『貞観儀式《じょうがんぎしき》』『江家次第《ごうけしだい》』）。松本信広氏が指摘しているように、矛や木で桶を衝《つ》くことは男女の結合を表し、それによって冬至の太陽（天皇）の再生を促していると考えられる。尻をたたいて鬼を笑わせる母、小正月に尻をたたかれる花嫁、女性器を出して笑わせるアマノウズメはこうして深く結びついている。彼女たちの行為は冬の口を緩ませ、豊かな春への道を開いてくれるのである。

鬼はなぜ殺されるのか

鬼にさらわれた女性、彼女と鬼とのあいだに生まれた息子、そして迎えにきた夫（あるいは父親）の三人は、鬼の世界から命からがら人間の世界に生還した。ところがその後、鬼の子は人間界で悲惨な最期を遂げることになる。たとえば、このように語られる。

貧しい薪取りが山で働いていると、「あんこ餅が好きか」と突然鬼に声をかけられたので、「女房ととりかえてもいいくらい好きだ」というと、「それ食え」と重箱を出して去る。家に帰ると女房の姿はなく、男は山々を十年探したがみつからない。鬼が島へ舟で渡ると、海辺で体の右半分が鬼、左半分が人間の「片子」と名乗る十歳ほどの男の子に会う。彼に案内されて鬼の家に行き、女房と再会する。鬼が「勝負して勝ったら帰してやる」というので、餅食い競争、木切り競争をするが、片子の助けで男が勝った。最後の酒飲み競争で鬼が酔いつぶれたすきに、三人は舟に乗って逃げだそうとしたが、追いかけてきた鬼が海水を飲みだしたので舟が岸に引き寄せられそうになる。男が舌を出し、片子があかんべいをし、女房が腰巻きをまくって尻をたたくと、鬼は大笑いして飲んだ水を吐き出したので、無事日本に帰れる。片子は「鬼子、鬼子」とはやされていづらくなり、「鬼の体のほうを細かく切り、串刺しにして戸口に刺しておくと鬼よけになる。それでもだめなら石で目玉をねらえ」といい残して、けやきの木から落ちて死ぬ。母親がその右半分を切って串刺しにし、戸口に刺しておくと、やってきた鬼は戸口に近寄れず裏口から入ってきたので、その目玉に石を投げつけると、逃げていった。それから節分には片子の代わりに田作りを串刺しにして、「福は内、鬼は外、天打ち地打ち四方打ち、鬼の目玉ぶっつぶせ」といって豆まきをするようになる。

（宮城県仙台市《せんだいし》　稲田浩二他編『日本昔話通観』4、同朋舎出版、一九八二年　要約）

東北地方では人間界に来た鬼の子の死が語られることが多く、それがしばしば節分や小正月などの行事の起源と結びついている。その結末の部分は、次のようにも語られる。

鬼子が成長して、近所の子供をかじるようになったので、切り刻み串に刺して戸口に刺す。鬼がやってきて、鬼の子の串刺しを見て驚いて逃げ帰り、以後人さらいをやめた。サヨが鬼が島から帰ったのが三月三日だったので、今もその日は女の子のいる家では祝い、海に出て潮干狩《しおひが》りをする。また鬼が来たのが正月十五日で、その晩にはいまもやつかかし（焼きさし）をするようになった。

（岩手県下閉伊《しもへい》郡岩泉《いわいずみ》町　稲田他同書3）

お方が鬼子を生んだので、刻んで串に刺し、家の戸口に刺して、鬼を家に入れなかった。小正月の十四日には、魔よけとしていわしの頭、、餅、豆腐を串に刺して松火でいぶし軒にさす。

（岩手県下閉伊郡岩泉町　稲田他同書3）

鬼が追ってこようと予想し、母親を説得してかだこ（片子）を殺させ、爺は死体の手足や首、胴をばらばらにして、それぞれの戸口に下げておく。鬼は母子を追って寺へ来ると、どの戸口にもかだこを切って吊してあるので、おれよりも荒いやつがいると恐れて逃げた。今では節分に鬼の来ないように人の頭など下げることもできないので、代わりに田作りの頭を下げる。

（山形県新庄《しんじょう》市　稲田他同書6）

日本まで逃げてくると子供が、自分の体を二つに裂いて家の前に張ってほしいという。親がさまぶちに張ると鬼が来ても家に入れない。節分のやきこがしの由来。

（山形県新庄市　関敬吾『日本昔話大成』7、角川書店、一九七九年）

これらの昔ばなしによれば、節分の日に戸口に挿すヤキカガシ（焼いたイワシの頭を柊《ひいらぎ》の枝に刺したもの）は、殺した鬼の子の死体を切り刻んでバラバラにし、その頭や手足などを串刺しにしたものだということになる。節分の鬼退治に関するこうした奇妙で残酷な説明は、この昔ばなしだけの特殊な伝承なのだろうか。

節分の鬼退治のはじまり

節分の行事は、立春《りっしゅん》の前日、つまり冬が終わり新しい春を迎える季節の境目に行われる正月行事の一つである。この日、戸口にヤキカガシを立て「鬼は外、福は内」のかけ声とともに炒《い》り豆を打ちつけて鬼を払い、年の数だけ豆を食べて新年の健康や福を祈る。

節分行事の起源については、古代中国の「儺《な》」と呼ばれる疫鬼払いの儀礼に由来すると説明されている。しかしヤキカガシや豆まき、豆占など、民間の主な行事は「儺」の儀式よりも日本のほかの正月行事と共通するものが多く、その根底には古い正月行事の伝統があると考えられる（古川のり子「節分と正月の火祭り」吉田敦彦監修『比較神話学の鳥瞰図』大和書房、二〇〇五年）。

「鬼の子小綱」の昔ばなしに登場するヤキカガシ（ヤイカガシ、ヤイコガシ、ヤキクサシなど）の風習は古く、『土佐日記《とさにっき》』承平五年（九三五）の元日の記事にもみられる。焼かれる魚はイワシ、ナヨシ（ボラ）、田作り（ゴマメ）など、それを刺す枝には柊、トベラ、豆《まめ》幹《がら》、タラノキ、グミ、山椒《さんしょう》などが用いられ、ネギや髪の毛、ニンニクなどを添えて焼くこともある。

備中《びっちゅう》の山村でヤキクサというのは節分の鰯《いわし》の頭のことで、是《これ》を火に炙《あぶ》ったものを山椒又は柊の小枝に刺して、戸の口や厠《かわや》などに挿《はさ》むことは他の地方と同じ。厄神が臭気とこの木のとげに恐れて入って来ぬといふ。

（岡山県　柳田国男『歳時習俗語彙』民間伝承の会、一九三九年）

ここでいわれているように、焼いた魚肉などの強烈な臭いと柊などのトゲが鬼を追い払うと考えられている。では、焼かれて串刺しにされて門戸に掲げられ、強い臭気を放つヤキカガシとはいったいなにを表しているのか。

このことは正月に行われるもう一つの鬼退治の行事である「鬼火焚《おにびたき》」と比較することによって明らかになる。

鬼の死体の効能

鬼火焚は九州地方で広く行われる正月の火祭りの一種で、年の境目（正月七日）に現れる鬼を火で追い払うことを目的とする。

正月には全国各地で火祭り（トンド焼き、左義長《さぎちょう》など）が行われるが、大林太良氏、小野重朗氏は、なかでも鬼火焚が火祭りのもっとも古い姿を残すものであるとしている。

日本の正月の火祭を分析すると、ことに九州の鬼火焚行事をめぐる伝承の中に、かつて天から降りてきた鬼が死に、その死体に作物が発生し、この鬼の死体を焼いたことから火祭が生まれたという神話があったのではないかと考えさせる手掛かりがある。おそらく焼畑耕作と結びつくこの種の伝承や儀礼の方が、日本の正月の火祭の基礎にあったのかもしれない。

（大林太良「東アジアの農耕神話と農耕儀礼―日本における農耕起源伝承の源流をめぐって―」佐々木高明編『日本農耕文化の源流』日本放送出版協会、一九八三年）

九州の鬼火はその名のように、六日の夜から七日にかけて、鬼が村にやってくるので、その鬼の目や手足を焼き、竹の爆《は》ぜる音で追い払うのだという。それに対して小正月のトンドのほうは、農作物の豊作を祈り祝う賑やかな火祭りとなっている。地図に見るように、小正月の火祭りでも、北の端の東北から中部、関東にかけての地方には「塞《さい》ノ神焼《かみや》き」「道祖神《どうそじん》祭り」「サイトバライ」などの名の通りに道祖神・塞の神の前で行い、ワラの道祖神を焼き払うものもあって、九州の鬼を払うのと似た性格がみられる。つまり、この分布地図は周圏的構造をもっていて、南北両側にこの火祭りの古い姿をみせ、中央部にその進展した姿を示しているといえよう。

（小野重朗「正月と盆」網野善彦他編『日本民俗文化大系9　暦と祭事　日本人の季節感覚』小学館、一九八四年）

これらの指摘をふまえたうえで村崎真智子氏は、鬼火焚の行事や伝承を詳細に調査した（村崎真智子「鬼火焚と焼畑農耕文化　焼き殺される山の神」『えとのす』32号、一九八七年）。そしてこの祭りの名称が各地で「鬼の骨たき」「鬼の骨ふすべ」「鬼の骨焼き」「鬼の身焼き」などと呼ばれていること、また焚き火の芯木のことを「オニノホネ」「鬼木」といい、燃え残った竹や木片を「オニノテ（鬼の手）」「オイメン（鬼面）」「鬼の腕」「鬼の骨」などと呼んでいることを示し、鬼火焚の根幹に「鬼を焼き殺す」という観念があることを明らかにした。

また、鬼火焚ではその火で餅を焼いて食べると長生きする、健康になるなどという。これはトンド焼きなどの火祭りの場合と同様である。

子供たちはこの夜、親から、鬼が鬼火の燃え跡に餅を埋めておいてくれてあると教えられ、翌朝早く行って、灰の中から焼けた温かい餅を探し出して食べるものであった。

（鹿児島県宮之城町《みやのじょう》　村崎同書）

鬼を焼く火で焼いたこの餅が「鬼の身」と呼ばれ、それを食べることが「オニノホネカミ（鬼の骨嚙み）」と呼ばれることから、村崎氏はここに「焼き殺された鬼の死体が変化した餅を食べる」という考え方が認められるとする。鬼火焚は、襲ってくる鬼を焼き殺し、その死体（餅）を食べる祭りなのである。

鬼火焚の行事では、鬼そのものを意味する芯木を焼いたあとに残った、燃えさしの木（＝鬼の手、鬼面、鬼の腕、鬼の骨）や、灰や、餅（＝鬼の身）が重要な意味をもっている。これらのものは大事にもち帰られ、人々に健康、長寿、豊作、妊娠などをもたらし、また鬼、虫、雷、火事、泥棒などを払う力をもつと考えられている。とくに燃え残りの竹や木片は、それを家の門口に挿す、あるいは屋根に上げると魔除けになるという。

鬼火焚で火を燃やして悪魔を追い払い、天に追い上げるという。またこの火にあたると病気をしない、この火で焼いた餅を食べると身体が丈夫になるという。小竹に火をつけて走って家に持ち帰り、囲炉裏《いろり》に火をつける。その小竹の残りは玄関の横に立てて悪魔払いにする。

（熊本県阿蘇《あそ》郡一《いち》の宮《みや》町　村崎真智子『阿蘇神社祭祀の研究』法政大学出版、一九九三年）

壱岐《いき》ではホケンギョウの松や竹の燃えさしを鬼の骨といひ、是を二本づゝ各戸に配って門の口に立てる。

（長崎県壱岐《いき》郡　柳田前掲書）

焼竹を木戸、かまど、内神様の入口に鬼が来ないようにと立てておく。

（宮崎県　村崎前掲書『えとのす』）

又燃え残つた竹は門又は入口に挿す。萬の魔を除けると云ふ。

（佐賀県小城《おぎ》郡　中山太郎『日本民俗学辞典』名著普及会、一九八〇年）

燃えさしの木を門戸に立てることは、鬼火焚だけでなく各地の正月の火祭りにも共通して認められる。

トンドの煙で書き初《ぞ》めをあげて、高く上がると、字が上手になるとか、この火で灸をすえるとよくきくとか（ヤイトウ初めという）、松の燃えさしを玄関口にさしておくと疫病よけになるとか、トンドの火で身体をあぶると病気がなおるとかいう。トンドの灰を家のまわりにまくと悪魔が近づかないとか、足で踏めば元気になるともいう。

（岡山県真庭《まにわ》郡新庄《しんじょう》村『民俗資料叢書　正月の行事2』平凡社、一九六七年）

鬼火焚や正月の火祭りにおける燃え残りの木片のこうした扱い方は、焼いたイワシの頭を刺した木の枝を門戸に挿して鬼を払う、節分のヤキカガシの扱い方ときわめて近いものがある。鬼火焚の燃えさしが、年の境目に現れて焼き殺された「鬼の手」「鬼面」「鬼の腕」「鬼の骨」であるならば、節分のヤキカガシもまた、年越しの晩に訪れて焼かれた鬼の死体の一部であり、それゆえに強烈な臭気を放つと考えられていた可能性がある。

「鬼の子小綱」の昔ばなしが、殺した鬼の子の死体の断片を門戸に挿したものがヤキカガシだと語るのは、根拠のない荒唐無稽《こうとうむけい》な伝承というわけではなかったのだ。では、鬼の子や節分・火祭りの鬼などの春にやってくる鬼たちは、なぜ殺されなくてはならないのだろうか。

害虫の起源

鬼火焚や正月の火祭りでは、火のなかで餅を焼いてみんなで食べて健康や福を得る。とくに鬼火焚の餅は火のなかで焼かれた鬼が変化したもので、それを食べる人々に健康や長寿、多産をもたらすとされる。鬼は焼かれて餅という食べ物になり、人間の役に立つと考えられている。

ところで「鬼の子小綱」の昔ばなしのなかには、鬼の子が焼き殺されて虫になったと語る伝承がある。

鬼が娘をさらい、父母は泣き暮らす。母が病気で死に、父が娘恋しさに鬼の島へ娘を尋ねると、鬼が帰る。娘は父を板の下に隠す。鬼が「人臭い」と言うと、娘は「腹の子のせいで人臭いのだ」と言う。娘が父を隠して暮らすうちに、小綱という子が生まれる。小綱が四、五歳になり、三人が舟で逃げると、鬼は川の水を飲んで舟をもどそうとする。舟が岸に戻りそうになると、小綱が母の尻をめくって紅い腰巻きを出し、鬼に向けて尻を叩いてみせたので、鬼はおかしくて水を吐き出す。三人は家に帰って暮らすが、小綱は大きくなって人を食べたくなる。小綱が「人を食いたくてたまらぬので、殺してくれ」と言うと、母は「私を食え」と言う。小綱が「母ばかりでなく、村人をみな食ってしまうかもしれないから」と柴を取ってきてその下に入り、「火をつけて焼いてくれ」と言うので、母と爺は泣く泣く火をつける。小綱は灰になり、灰は風に吹かれて夕方の蚊《か》になる。夕方の蚊は今でも人を食う。

（岩手県遠野市　稲田浩二他『日本昔話通観』3、同朋舎出版、一九八五年）

焼け死んだ鬼の灰が蚊、虻《あぶ》、蠅《はえ》、シラミなどの害虫になったという話は、「鬼の子小綱」の結末部に限らず、「蚤《のみ》蚊の起こり」の話として東北、中国、四国地方に伝えられている。鬼火焚の由来を語る伝承のなかにも、同じように焼かれた鬼の鼻汁や血や灰が害虫になったと伝えるものがある。

昔、天から鬼が降り、松の樹に引掛かった。それを村人が集り、唐竹で叩き殺し、田の中で焼いた。其時、鬼の鼻汁から蛭が出来、血が化し蚤になり、灰から蝿が湧いた。正月に松竹を立て、六日の晩に爆竹するは、其因縁《そのいんねん》であるという。（鹿児島県肝属《きもつき》郡串良《くしら》町　村崎真智子「鬼火焚と焼畑農耕文化　焼き殺される山の神」『えとのす』32号、新日本教育図書、一九八七年）

鬼は死んで餅になると伝えられる一方で、害虫となって人間たちを襲い続けるとも考えられているのだ。

節分の日には囲炉裏《いろり》や焚き火で豆まき用の豆を炒るが、このとき同時にヤキカガシのイワシを焼いたり、害虫を焼く「虫の口焼き」と呼ばれる呪《まじな》いを行うことがある。

ムシノクチヤキ　節分の晩の行事。鰯《いわし》の頭を大根の輪切りと共に竹串に刺し、其魚の口に盛んに唾をかけて、道の辻に焚いてある火の中で炙《あぶ》り、

四十七難の虫の口焼く年こし

と高らかに呼ぶ（有田《ありだ》郡年中行事）。静かな村の寒夜に到る所この声を聞く。仍《よっ》て此晩を虫の口とも謂って居る。淡路物部組の虫の口焼きは、同じ晩に豆を一粒ずつ炉の火に投入れ、「猪の口、蚤の口、蚊の口」と唱へつゝ焼き、是等の獣や虫を封ずる呪ひ

と謂って居た（「風俗答書」）。

（柳田国男編『歳時習俗語彙』民間伝承の会、一九三九年）

節分の炉の火のなかで、ヤキカガシと害虫と豆が焼かれている。ヤキカガシが殺された鬼の死体の断片であり、虫が鬼の死体の変化したものであるならば、同じ火で焼かれる豆もまた鬼が化したものである可能性がある。鬼火焚の鬼は火のなかで焼かれて餅となり、人間たちに食べられて健康と豊饒をもたらすが、節分の豆も人々に食べられることで健康と福をもたらすと考えられている。

鬼は死んで豆になる

鬼と豆の不思議な結びつきを語る昔ばなしがある。「三枚の護符」（第六話）または「鬼を一口」と呼ばれる話で、東北地方を中心として全国的に分布する。

小僧が栗拾いに行くとばんば（婆）が出てきて、「おれの家へ来れば栗をいくらでも食わせる」と言う。小僧は寺へ帰り、和尚《おしょう》に「寺の栗を拾え」と言われるが、どうしても婆のところへ行きたがるので、和尚は三枚のお札を小僧に持たせる。小僧が山の一軒家のばんばのところへ行くと、ばんばは大釜に栗一粒入れて煮ているが、煮たってくると、釜いっぱいになり、ばんばは鬼の面に変わっている。こわくなって「便所に行きたい」と言うと、ばんばは腰に縄をつけてやる。小僧は縄を柱に結び変え、お札を一枚置いて逃げだす。ばんばが「小僧まだがぁ」と言うと、お札が「まだまだ」といつまでも言うので、ばんばが縄を引っぱると、柱が抜けてくる。ばんばは追いかけてきたので、小僧が「おれのうしろさ大きな川出はれー」「砂山出てけれ」と言ってそのたびにお札を投げると、大きな川や砂山が出てくる。ばんばがそれを越えておってくるまに、小僧は寺へ逃げこむ。和尚は小僧をたしなめて、行李に入れて天井に吊す。ばんばが来ても和尚は知らぬふりをし、ばんばが知恵くらべをいどむと、先に一粒の豆に化けさせ、火にくべて燃やした。燃えたところから蚊がもやもやと出てくるが、人食い鬼がなったものだから蚊は人の血を吸うのだ。

（秋田県阿仁《あに》町　稲田浩二他『日本昔話通観』5、同朋舎出版、一九八二年）

この型の昔ばなしでは、このように鬼が豆になったと伝えている。

小僧が寺に逃げ帰り、鬼婆が「小僧を出せ」と言うと、和尚は「豆粒になってころがってこい」と念仏を唱え、豆粒になった鬼婆をいろりで焼いて一口に食べた。
（秋田県仙北《せんぼく》郡中仙《なかせん》町　稲田他同書5）

鬼が来ると、和尚は「餅を焼いて食うところだが、鬼なら餅と味噌に化けられるだろう」と言い、鬼が化けてみせると、和尚はその餅に焼き味噌をつけて食べてしまった。
（秋田県鹿角《かづの》市　稲田他同書5）

鬼は和尚と化けくらべをして、豆、味噌、納豆、餅などになったと語られる。そして囲炉裏の火で焼かれ、あるいは熱い焼き餅にはさまれて食べられてしまう。こうしてみると、節分の夜に囲炉裏で焼かれるヤキカガシと害虫と豆は、やはりすべて同じ鬼を表していると考えられる。年の境目に襲いかかってくる鬼は焼き殺され、その死体の一部は門口に立てられて災厄を払い、一部分は虫となって人間に害をおよぼしたりもするが、一部分は餅や豆になって人々に食われ健康と豊饒をもたらすと考えられていたのだろう。

殺された鬼の正体

焼き殺されて食べ物となる鬼とは、何者なのだろうか。「三枚の護符」「鬼を一口」の昔ばなしに登場する鬼の正体は、多くの類話において「山姥」だと伝えられている。いろいろな昔ばなしや伝説に登場する山姥は、本来は山母《やまはは》、母なる山の神である。村崎真智子氏は、鬼火焚が行われる正月七日を「山の神の節日」とする伝承に注目し、「鬼火焚に来訪する鬼も、鬼火焚の火に焼かれることにより、人々に生命力と豊饒の力をもたらす、焼畑農耕系の山の神であった」と考えている（村崎前掲書『えとのす』）。

吉田敦彦氏は、山姥が人を食い殺す恐ろしい鬼婆であるとされる反面で、きわめて多産であり、また焼畑作物を豊かに実らせる豊穣の山の女神でもあることを明らかにしている（吉田敦彦『昔話の考古学』中央公論社、一九九二年）。

山姥＝山の神は分泌物や排泄物を出すようなやり方で、その身体から欲しいもの（錦の織物、糸など）をいくらでも出すことができる力をもっている。そして火で焼かれて苦しんで死ぬが、その死体や血から貴重な品々や人参《にんじん》・蕎麦《そば》などの作物が発生したとされる。

吉田氏によれば、日本の山の神信仰は、縄文時代の大地母神信仰にまでさかのぼる古い信仰であり、その古い大地の母神の性質が一方で山の神信仰に受け継がれ、他方で『古事記《こじき》』『日本書紀《にほんしょき》』の神話のイザナミやオオゲツヒメなどの女神たちによく残されているという。

イザナミは創世神話に登場する大地の母神で、その身体から国土の島々や山川草木などを産み出した万物の母であると同時に、すべての死者を迎える死の女神でもある。この女神は世界の万物を産んだが、最後に火を産み出したために体を焼かれ、最初の死者となって黄泉《よみ》の国へ行ったと語られている。

イザナミは焼かれて死ぬときにその体から排泄物や分泌物を出すようにして、金属、粘土、水と農作物という人間の文化のために役立つ貴重なものを生じさせたとある。これは山姥が体から排泄物や分泌物として貴重な品物を出し、火で焼き殺されてその死体から農作物などを発生させたこととよく似ている。

『古事記』にはこのほかにも、死んで農作物などになる女神の話が、食物の女神オオゲツヒメの神話としてこのように記されている。

スサノヲはオオゲツヒメに食べ物を求めた。するとオオゲツヒメは鼻、口、尻からさまざまな美味しいものをとりだし料理して差し出したが、スサノヲはその様子をのぞきみて汚くして出すのだと思い、たちまちオオゲツヒメを殺してしまった。すると殺された神の頭に蚕《かいこ》、二つの眼に稲、二つの耳に粟《あわ》、鼻に小豆《あずき》、女性器に麦、尻に大豆《だいず》が生えた。そこでカムムスヒはこれらをとらせて種とした。

（古事記）

鼻や口や尻からいくらでも食べ物を出すことができたオオゲツヒメは、殺されるとその死体のいろいろな部分から蚕、稲、粟、小豆、麦、大豆を産み出したという。イザナミ、オオゲツヒメは火に焼かれて死ぬ、あるいは殺されることによって、農作物をはじめとする人間の文化に必要なものをその体から発生させたと語られるが、そうして生じた作物のなかには、「大豆・小豆」という豆類も含まれている。

昔ばなし「三枚の護符」、鬼火焚、節分などにおいて鬼たちは、冬の終わりに里を訪れ、焼き殺されて豆や餅になる。彼らの正体は、焼畑の火で体を焼かれて作物を生じさせる山姥＝山の神であり、それは記紀神話のイザナミやオオゲツヒメにさかのぼる古い神格であると考えられる。

記紀神話によれば、イザナミの死後、夫の神イザナキは妻を生き返らせようと黄泉の国を訪れたが、醜い死の女神となったイザナミに追いかけられ、地上（生）と地下（死）の境をふさいで妻との絶縁を誓った。このときはじめて、地上の人間たちに「生まれて死ぬ」運命が定まったという。

火によるイザナミの死は、一方で農作物などを産み出して農耕文化を可能にしたが、それと同時に「死」を発生させた。そうして、いまあるような生と死、春と冬が循環する世界が成立することになる。

年の境目の夜に襲いかかってくる鬼は、黄泉の国のイザナミであり、また死や冬を意味している。この鬼＝イザナミを焼き殺し、死者の国に封じ込めることによって、その死体から農作物が発生して豊穣がもたらされ、新しい春の世界が再生する。世界に再び春が来るためには、鬼たちは死ななくてはならないのだ。

私たちは正月を迎えるたびに、火祭りや節分などの鬼を焼き殺す祭りを行うことで、世界誕生の神話を繰り返し表現してきた。古い日本神話の世界観は、このような身近な行事や昔ばなしのなかに根強く生き続けている。

第六話
三枚の護符
便所はあの世の出入り口

山寺に和尚さんと小僧がいました。

小僧が鬼ばばのいる山へ栗拾いに行きたいというので、

和尚さんは三枚のお札を渡して送り出しました。

小僧が栗拾いをしていると、おばあさんが「栗を食べさせてあげよう」と、

小僧を家に連れて帰ります。

おばあさんの本当の姿をみて恐ろしくなり、小僧は「便所にいきたい」といいます。

鬼ばばは小僧の足にひもをつけて逃げられないようにしますが、

小僧は便所の柱にひもをくくり直し、柱に札をはって逃げました。

鬼ばばが気づいて追いかけますが、小僧は後ろに札を投げて走ります。

お寺にたどり着くと、和尚さんが鬼ばばを豆粒に変えて飲み込みました。

トイレが舞台の昔ばなし

トイレは怖い話の宝庫である。とくに不特定多数の人が使用する学校のトイレは、現代の子どもたちに怪談を提供する格好の舞台となっている。

　D小のトイレの一番はしのトイレに入ると「何色の紙がほしいか」と聞かれる。赤い紙と答えると血だらけになり、青い紙と答えると首を絞められて顔が青くなる。白い紙と答えた者はなにもされない。

（常光徹「学校の世間話」『昔話伝説研究』12号、一九八六年）

これは「赤い紙・青い紙」と呼ばれる、よく知られた話だ。
ほかにも「便器から手が出てくる」、「一番奥のトイレに入ると、幽霊が手前のドアから順々に開けて近づいてくる。ついに自分の所に来たとき、ふと見上げると幽霊が上からのぞいていた」、「だれもいないトイレで花子さんの名を呼びかけると、はーいと返事がある」など、子どものころにこんな怪談を聞いた覚えのある人は多いにちがいない。暗く、汚らわしく、孤立したトイレは、子どもたちの不安をかきたてる。

昔ばなしのなかにも、トイレが重要な役割を果たすものがある。「三枚の護符」と呼ばれる話で、各地に広く伝承されている。

小僧が山へ栗を拾いにいくと、婆が現れて「明日の晩に来れば、栗をいっぱい食わせる」という。和尚は「それは鬼婆だ。食われるから行くな」ととめるが小僧がいうことを聞かないので、三枚の札をくれ、「いざというとき、後ろへ投げろ」と注意する。小僧が行くと、婆は大鍋で栗を煮ている。夜になって婆をみると、角を出し口が耳まで裂けていた。小僧は恐れ、「ンコ(糞)出てきた」というと、婆の角はぴょんと引っ込み、もとの婆になる。小僧が「かんじょ(便所)へ行く」というと、婆はその足首に細引を結びつけた。小僧は便所で細引を柱に結びつけ、札を一枚はって逃げる。婆が何度小僧を呼んでも札が「まだまだ」というので、腹をたてて細引を引くと、便所がこわれる。鬼婆が小僧を追いかけると、小僧は「大きな砂山出はれ」と後ろに札を投げる。大きな砂山ができて、鬼婆がすべっているうちに小僧は逃げる。やがてまた追いつかれると、「大きな川、出はれ」と札を投げる。鬼婆が川を流されているあいだに小僧は寺にもどり、和尚に古俵に隠してもらう。和尚は鬼婆に「小僧は来ない」といいはり、「鬼婆は豆になっていろりの端をころがれるというが本当か。できたらこの餅をみなやる」という。鬼婆が豆になってころがると、和尚は焼けた餅のあいだに包んで飲み込んだ。

（秋田県大曲《おおまがり》市　稲田浩二他編『日本昔話通観』5、同朋舎出版、一九八二年　要約）

恐ろしい鬼婆の正体は、多くの類話で山姥であると伝えられている。

小僧は山姥の家に連れ込まれ、食べられるのを待つばかりだったが、大便がしたいといって便所に入り、和尚からもらった護符を身代わりにして脱出する。追いかけてくる山姥に対し、小僧は護符を投げて大きな山や川や火などを出して道を遮る。ついに寺へ逃げ込み、和尚に助けてもらったという。

ところで、小僧が用いた三枚の護符を、色ちがいの紙とする話が各地にみられる。これは現代のトイレの化け物が赤、青、黄（白）の紙を選ばせることを思い起こさせる。また、化け物が便所の戸を開けようとすること、なかにいる人間と問答をすることなど、現代の怪談の多くの要素はすでにここに含まれているのがわかる。

境界神としての便所神

この昔ばなしに登場する便所は、山奥の山姥の領域の内にある。山姥が住む異界は、小僧にとっては死の世界である。

しかしこの便所はまた、小僧がこの世に帰るための脱出口でもある。つまり便所はあの世とこの世を結びつける境目にあり、死と生の転換点に位置づけられている。異界にやってくる前の小僧について各地の伝承は、人のいうことを聞かない子どもだったと語る。そのような腕白な子どもが異界に入り込んでそこから生還することによって、よい和尚となって寺の名跡を継いだ、などとする。小僧は死と再生の試練を経て成長し、立派な人間に生まれ変わったのだ。

各地の類話では、便所神が登場し小僧を援助したと伝えることも多い。小僧が便所に入ったとき、山姥の「まだか」という問いかけに便所神が返事をしてくれた、また小僧に護符を与えたのは和尚ではなく便所神だともいう。「便所をきれいに掃除しておくときれいな子が生まれる」「便所神を祀ると安産になる」などと言い伝えられているように、便所神は箒神《ほうきがみ》や山の神とともに出産をつかさどる「産神《うぶがみ》」としても知られている。

東日本を中心に、子どもが生まれたとき赤子を抱いて便所にお参りにいく「雪隠参り《せっちんまいり》」という儀礼がある。

セッチンマイリには、産児の頭に「犬」の字を京紅で書き、産婆に抱かれて、オビヤマイリといって井戸一か所、便所三か所を橋を渡らずに参らせ、もろこしの箸を半

大江小波 述・小堀鞆音 画「日本昔噺」より
第17編「安達ケ原」博文館刊、明治29年、
日本近代文学館蔵

紙と水引とで結び、これをもって汚物を食わせるまねをして、犬のように丈夫に育つように祈願をする。産児の運の開けるまじないだという。
（群馬県山田郡《やまだ》『日本産育習俗資料集成』第一法規出版、一九七五年）

便所は「この世とあの世の霊魂の出入り口」（宮田登『神の民俗誌』岩波書店、一九七九年）であり、その穴の奥は死の世界につながっている。だから生まれたてで、まだあの世の腐臭が漂《ただよ》う赤子を便所神のもとに連れていき、その魂がこの世に無事生まれ出たことを感謝するとともに、穴の奥の世界へもどることがないように願うのだ。

飯島吉晴氏は多くの習俗や伝承から、便所の意味について考察した（飯島吉晴『竈神と厠神』講談社学術文庫、二〇〇七年）。それによると、便所はこの世と異界の境界領域であり、異なるものが出会うきわめて両義的な空間である。それゆえに人が別のものへと変身したり、時空間が新たなものへ移行するのを媒介する転換の場でもある。便所神はこのような便所の特徴を凝縮した境界神であるという。

追いかける女、逃げる男

「三枚の護符」が、古代の日本神話と共通する要素をもつことは早くから指摘されている。

『古事記』によれば、イザナキとイザナミが結婚して国土や神々を産み出したあと、妻のイザナミは死んで最初の死者となり、黄泉《よみ》の国へ去る。イザナキは妻を連れもどそうと追いかけていったが、醜く腐った死の女神と化した妻の姿をのぞきみて、恐れをなして逃げ出そうとする。

イザナキが逃げ帰ろうとすると、イザナミは「よくも私に恥をかかせたな」といって、すぐさま黄泉の国の醜女《しこめ》を遣わして追いかけさせた。そこでイザナキが黒い髪飾りを投げ捨てると、山葡萄の実がなった。これを醜女が拾って食べているあいだに逃げていった。なおも追いかけてきたので、今度は櫛の歯を折って投げ捨てると筍《たけのこ》が生えた。これを醜女が抜いて食べているあいだに逃げていった。

（古事記）

追いかけてくる醜悪な死の女神から逃れるためにイザナキは後ろにものを投げ、それをほかのものに変化させることで追っ手の道を遮りながら逃げたという。これは小僧が後ろに護符を投げ、それを山や川に変化させることで山姥の進路を遮ったこととよく似ている。

また、『日本書紀』には次のような異伝がある。

イザナキが大樹に向かって小便をすると、それが大きな川となった。泉津日狭女《よもつひさめ》がそれを渡ろうとしているあいだに、イザナキは地上世界との境にあたる泉津平坂《よもつひらさか》までたどり着いたという。

（日本書紀　第五段の六）

吉田敦彦氏が指摘しているように、これは小僧が投げた護符が巨大な川を生じさせ、山姥がそれを苦労して渡っているあいだに寺にたどり着いたことと呼応する（吉田敦彦『昔話の考古学』中公新書、一九九二年）。

このあとイザナキは、地上の生の世界と地下の死者の世界との境（黄泉《よも》つ比良坂《ひらさか》）をふさいで妻との絶縁を誓ったとされる。

最後にイザナミが自ら追いかけてきたので、イザナキは巨大な石で黄泉つ比良坂をふさぎ、その石をあいだにおいてイザナミと向き合い、絶縁の誓いをした。このときイザナミが「愛しい夫よ、こんなことをするのなら、あなたの地上世界の人間たちを一日に千人絞り殺してやろう」というと、イザナキは「愛しい妻よ、そんなことをするなら私は一日に千五百の産屋を建てよう」と宣言した。こうして一日に必ず千人死んで、千五百人生まれるようになったのだ。これによってイザナミは黄泉の大神、あるいは道敷《ちしき》の大神と呼ばれることになった。また黄泉つ比良坂をふさいだ石は、道返《ちかへし》の大神、あるいは塞《さや》り坐《ま》す黄泉戸《よみど》の大神という。

（古事記）

やっとのことで地上世界に逃げ帰ったイザナキが禊《みそ》ぎ祓《はら》えをすると、アマテラス（太陽）とツクヨミ（月）とスサノヲ（大気）の三神が生まれた。こうして世界は太陽と月が輝く天と、地上世界と、地下の死者の世界とに分かれ、今日あるような世界が誕生したとされている。

「三枚の護符」の昔ばなしを、イザナキの黄泉の国訪問神話と重ね合わせてみると、追われて逃げる小僧とイザナキ、追いかける山姥とイザナミが対応し、小僧の生死を転換させる便所は生と死の境界地点である黄泉つ比良坂に相当することがわかる。

和尚の正体

「三枚の護符」のなかで、和尚は特別な力をもつ者として語られている。彼は逃げ込んできた小僧をかくまうだけでなく、追いすがってきた山姥に立ち向かい、これをたやすく退治してしまう。

和尚は小僧を戸棚に隠し、追いついたばんばと技くらべをし、負けたほうが食われることにする。和尚はばんばを豆粒にならせ、ばんばが豆粒になったところを焼き餅につけて食った。

（稲田他編前掲書5）

多くの場合、和尚はこのように山姥を豆などに変化させ、囲炉裏《いろり》の火で焼いて食べてしまったという。そこでこの昔ばなしは「鬼を一口」とも呼ばれているが、鬼婆を一口で丸呑みにする和尚はただ者ではない。和尚はいったい何者なのだろうか。

黄泉の国訪問神話の最後には、黄泉つ比良坂をふさいでイザナミを死の国に封じ込め、イザナキがこの世に脱出するために重要な役割を果たした、大きな石のことが語られている。この石は、「塞り坐す黄泉戸の大神」（古事記）、「泉門《よみど》に塞《ふたが》ります大神」（日本書紀　第五段の六）などと呼ばれる。その名のとおり、生の世界と死の世界の境目をふさぎ守る境界の神であり、今日の道祖神（道の境目をつかさどる神）にあたる。

昔ばなしのなかで和尚は、この石神の役割を担っているように思われる。和尚が小僧を助けたときの様子は、次のようにも語られている。

やっとのことで小僧は寺に着き、和尚さまに開けてくれと頼む。ところが和尚さまは、急ぐな、ゆっくり待ってろといって、着物着て帯締めて、えへんえへんと咳払いしながら、雪隠に入った。小僧が泣き声を上げて頼んでいるうちに、婆が追いついてきて食べられそうになったとき、和尚さまはやっと雪隠から出てきて、くぐり戸を開けて小僧をなかに入れると、ぴしゃんと閉めた。するとその戸のあいだに婆がはさまって、べっちょりとつぶれてしまった。

（岩手県北上市《きたかみ》　関敬吾『日本昔話大成』7、角川書店、一九七九年　要約）

鬼婆は庭の古井戸をのぞき、水に映った自分の顔を見て、「和尚、井戸の中に隠したな」と言い井戸に飛び込む。和尚は井戸に石を投げ鬼婆を退治した。

（宮城県仙台市《せんだい》　関同書7）

和尚はわざわざまず便所に入り、そのあと寺の出入り口の戸を閉じて山姥を殺す。井戸もまたあの世への通路とみなされてきたところだが、和尚は石を投げてそれをふさいだという。これはイザナキが黄泉つ比良坂を石でふさいだことと同じである。

秋田県の伝承では、山姥を豆に変えて食べたあと、和尚は最後に便所に行ってそれを排泄したという。和尚は異界への通路（戸、便所、井戸など）の開閉を管理する境界神の力をもっている。だから呑み込んだ山姥をその体を通して、あるいは便所や井戸を通して、あの世へ送り返すことができるのだ。

第七話

蛇婿入り

苧環はなぜ蛇を退治するのか

ある娘のもとに、毎夜毎夜、見知らぬ若い男が通ってきました。

娘の具合が悪くなったので親が心配して問いただしますが、
娘は男の正体を知らないといいます。

不思議に思った親は、男の着物に糸を通した針を刺すように娘にいいつけます。

男の着物についた糸をたどっていくと、そこは蛇のすみかでした。

そこでは蛇の親子がこんな会話をしていました。

「人間の娘の腹に子どもを残してきた」

「それでも、菖蒲酒《しょうぶざけ》を飲めば子は堕《お》りてしまう」

娘は家に帰ってさっそく菖蒲酒を飲み、蛇の子どもを堕ろして元気になりました。

糸の力

若い男が夜な夜な娘の家に通ってくるけれど、その素性がわからない。娘が男の着物に長い糸を通した針を刺し、糸の行方をたどっていくと山奥の沼や洞穴にたどり着く。男の正体は蛇であった。

この型の昔ばなしは「蛇婿入り─苧環型《をだまき》」と呼ばれ、日本各地に広く伝承されている。

庄屋の一人娘に男が通ってくる。娘の体が悪くなる。法印がやってきて、自分は蛙《かえる》だが娘のところへくる男の正体は大蛇《だいじゃ》だ。麻《あさ》や苧《からむし》の糸箱ひとつ百匁《もんめ》の糸を針に通し、聟の着物につけろと教える。言われたとおりにして跡をつけると、木の洞穴から声がする。親蛇に、人間のためにおまえはもうすぐ死ぬといわれた息子の蛇が、娘の腹に三十三の命を残してきたという。親蛇は、それでも人間が菖蒲酒《しょうぶざけ》を飲み、盥《たらい》にまたがれば子が下りるという。聞いたとおりにすると蛇の子が、三十三本下りたので殺す。娘は元気になる。

（山形県最上郡《もがみ》　関敬吾『日本昔話大成』2、角川書店、一九七八年）

三月三日の桃酒、五月五日の菖蒲酒・菖蒲湯、九月九日の菊酒は、子蛇を堕ろすために用いたのがはじまりだと語るものが多い。蛇と娘のあいだに人間の子どもが生まれたとする場合もある。蛇聟《へびむこ》の血をひく子どもはのちに、脇の下に鱗《うろこ》がある五十嵐小文治《いがらしこぶんじ》（新潟）など、地方の英雄になったと伝えられている。

蛇聟の死は金属の針の力によるものだが、その居場所をつきとめ、正体を暴いて退治するにいたったのは、蛇聟に縫いとめられた糸の力によるところが大きい。この糸は「緒（苧）環の糸」「苧」「績《う》んだ麻」「紡麻《うみを》」などと呼ばれている。「を（苧・麻）」とは麻糸のこと、「苧環」は紡いだ麻糸を巻いた糸巻きをさす。苧環から繰り出される麻糸は、魔物に絡みついてその正体を暴き、結果的に退治する力をもつと考えられているようだ。それはなぜなのだろうか。

「蛇婿入り—苧環型」と同じタイプの話は、古く『古事記』（八世紀）にまでさかのぼる。崇神天皇の条には、「三輪山伝説」と呼ばれる有名な物語がある。

活玉依毘売（イクタマヨリビメ）は、とても美しい女性だった。容姿や身なりが類《たぐい》なく立派な若者が夜中に突然やってきて二人は結ばれ、さほど時も経たないうちに美女は身ごもった。不思議に思った両親が、「夫もいないのにどうして身ごもったのか」とたずねると、「名も知らない美しい若者が夜ごとにやってきて、ともに暮らすうちに自然と妊娠した」という。そこで両親は相手を知ろうと思い、娘に「赤土を床の前にまき、へその紡麻《うみを》を針に通して、男の着物の裾《すそ》に刺せ」と教えた。

そのとおりにすると、翌朝、針につけた麻糸は戸の鍵穴を通って外に出て、残ったのは「三勾《みわ》」（糸巻きに三巻き）だけだった。糸に従ってたずねていくと、三輪山の神の社にたどり着いた。それでイクタマヨリビメが宿した子どもが、神の子だとわかったのだ。また、麻糸が糸巻きに三巻き残ったことにちなんで、その土地を三輪と呼ぶようになった。

（古事記）

イクタマヨリビメは「へその紡麻」を針に通して謎の夫の衣の裾につけ、正体を暴いたという。ほかにも『常陸《ひたち》国風土記《ふどき》』逸文（『塵袋《ちりぶくろ》』所引）には、雉《きじ》の尾にかけた麻糸（績麻）を追って、伊福部《いふくべ》の丘の岩屋にいる雷神を探しだして仇討《あだう》ちをする話がある。また『肥前《ひぜん》国風土記』（松浦《まつら》郡褶振峰《ひれふりのみね》）には、弟日姫子《おとひひめこ》のもとを夜ごと訪れる男の上着の裾に、麻糸（続麻《うみを》）をつないで追っていき、沼辺で蛇頭人身の男を発見する話もある。超自然的な存在の居場所や正体を、麻糸を絡めることによって暴くという物語は、古くから日本各地で伝承されていたものと思われる。

イクタマヨリビメが用いたのは「へその紡麻」だが、「へそ」は『和名抄《わみょうしょう》』（平安中期の辞書）に「巻子」と表記され、「続麻円巻」（紡いだ麻を丸く巻いたもの）をさす。つまり「苧環」のことである。また『奥義抄《おうぎしょう》』（平安末期の歌学書）には、「を（苧・麻）をうみてまきたるへそ（巻子）といふ物を、しつのをだまき（倭文苧環）といふ」とあり、苧環に巻かれた麻糸は、「倭文《しつ》」織物を織るためのものだとわかる。

『平家物語《へいけものがたり》』巻八「緒環《おだまき》」の段には「しつの緒環」が登場するが、ここでも倭文苧環は、高知尾《たかちお》明神のご神体でもある大蛇の正体を暴き、結果的に退治する力を発揮している。

男女を結びつける倭文の力

「倭文（シツ、シツヲリ、シツリ、シトリ）」は倭《やまと》の文《あや》と書くとおり、日本古来の織物だ。麻や穀《かじ》などの植物性繊維で模様を織り出したもので、絹のような繊細なものとは正反対の、質素で丈夫な織物であるとされる。

織物としての「倭文」（人名・神名・地名は除く）は、古代の文献のなかでは『万葉集』

に九例、『日本書紀』に二例、『出雲国造神賀詞《いずものくにのみやつこのかむよごと》』に一例が認められる。これらの例において倭文は、神への供え物（倭文幣《しつぬさ》）として用いられるほか、主に帯（倭文機帯《しつはたおび》）、腕輪（倭文手纏《しつたまき》）、敷物（倭文纏《しつまき》の胡床《あごら》）、鞍（倭文鞍）に用いられ、相当に丈夫な織物であることがうかがえる。倭文が実際にどのような場面で使われているかをみてみよう。

倭文機帯（倭文織りの帯）は、すべて次のような恋愛の歌のなかに登場する。

古《いにしえ》に　ありけむ人の　倭文機の　帯解き替へて　廬屋《ふせや》立て　妻問ひしけむ　勝鹿《かつしか》の
真間《まま》の手児名《てこな》が　奥つきを　こことは聞けど　真木の葉や　茂りたるらむ　松が根や
遠く久しき　言のみも　名のみも我は　忘らゆましじ

（万葉集　巻三－四三一）

昔いたという人が、倭文織りの帯をたがいに解きかわして臥す家をつくり、妻問いしたという葛飾《かつしか》の真間の手児名の墓はここだと聞くが、真木の葉が茂っているせいか、松の根が年を経て長く延びたせいか、墓はみえないが、話だけでも名前だけでも、私は忘れられないことだろう。

このような歌からは、男女がたがいの「倭文機帯」を解きあう、あるいは結ぶことに、男女の契りを結ぶ重要な意味があったことが推測できる。

倭文幣（神への大切な供え物）として、とくに倭文を用いることが明記されているのは次のような場面である。

死にし妻を悲傷ぶる歌一首
天地《あめつち》の　神はなかれや　愛《うつく》しき　我が妻離《さか》る　光る神　鳴りはた娘子《おとめ》　携《たずさ》はり
共にあらむと　思ひしに　心違《たが》ひぬ　言はむすべ　せむすべ知らに　木綿《ゆふ》だすき
肩に取り掛け　倭文幣を　手に取り持ちて　な放《さ》けそと　我は祈れど　まきて寝し
妹《いも》が手本《たもと》は　雲にたなびく

天地の神はいないのか。愛しい我が妻は遠くへ去った。妻と手をとりあいともに暮らそうと思っていたのに、それが叶わなくなった。いうすべも為すすべもないので、木綿だすきを肩にかけ、倭文幣を手にとりもって、「離れさせないでください」と私は祈るけれど、枕にして寝た妻の腕は、雲となってたなびいている。

（万葉集　巻一九‐四二三六）

歌の作者が倭文を手にもって祈るのは、離れていく妻の魂をつなぎとめることである。これ以外にも倭文幣は、恋しい相手と結ばれること（巻一三－三二八六）、逃げ去った鷹《たか》を捕まえること（巻一七－四〇一二）を祈願する際に用いられている。古代において魂は、しばしば鳥の姿で表される。そうするとこれらの歌を通じて、倭文は男女の魂・運命を結びつけること、離れていく魂（鳥）をつなぎとめることと深く関わっていることがわかる。『出雲国造神賀詞』には、天皇の御代《みよ》を讃《たた》える祝詞《のりと》のなかに「倭文の大御心もたしに」という表現がある。これは、「倭文織物のように天皇の御心もしっかりと」と解釈されている。つまり、天皇の魂が身体にしっかりとつなぎとめられている様子によって、天皇の力や支配の確かさが表されているのだと思われる。

秩序を織りなす運命の糸

『万葉集』には、「倭文手纏」（倭文織りの腕輪）という枕詞《まくらことば》がある。

倭文手纏　数にもあらぬ　命もて　なにかここだく　我が恋ひ渡る

倭文手纏のようなものの数にも入らぬ命をもちながら、なぜ私はこんなにあなたを慕い続けるのだろう。

（万葉集　巻四－六七二）

（前略）倭文手纏　賤《いや》しき我が故《ゆえ》　ますらをの　争ふ見れば　生けりとも　逢ふべくあれや　ししくしろ　黄泉に待たむと……（後略）

倭文手纏のようなものの数でもない私のために、二人の男性が争うのをみると、生きていたとて結婚できようか。黄泉《よみ》でお待ちしようと……

（万葉集　巻九－一八〇九）

倭文手纏という枕詞は、この腕輪が玉石や貴金属製のものとくらべて粗末であるところから「数にもあらぬ・賤し」にかかると説明される。しかしここでは、ものの数でもない「命・身の上」、また自分を慕う二人の男性の争いを嘆いて自殺した乙女の悲劇的な「運命」と強く関わっている。

倭文と「魂・命・運命」を結びつける考え方は、平安時代の「倭文苧環」という言葉の用い方に継承されている。『伊勢《いせ》物語』には、次のような有名な歌がある。

むかし、物いひける女に、年ごろありて、
いにしへの　しづのおだまき　繰りかへし　昔を今に　なすよしも哉《がな》
といへりけれど、何とも思はずやありけん。

（伊勢物語　三十二段）

この歌は、「古代の倭文の苧環のようにくるくると、仲のよかった昔を繰り返しいまに再現するすべがあったらいいのに」と解釈される。ここでは倭文苧環は、「規則正しく繰り返し紡ぎ出される運命の糸」という意味を帯びている。倭文苧環から繰り出される麻糸や倭文織物は、命や魂をつなぎとめ、男女の絆を結びつける「運命の糸」、定められた人生の模様を織りなす「運命の織物」としての意味を担ってきたといえるだろう。

『古語拾遺《こごしゅうい》』（九世紀）に記された神話のなかで、アマテラスが天の岩戸《いわと》に隠れたために世界が常闇の混沌に陥ったとき、「倭文」氏の祖先である天羽槌雄神《あまのはつちをのかみ》（アマノハッチヲ）が文布《あやぬの》を織ったことが、次のように語られている。

天羽槌雄神［倭文の遠祖である］に、文布を織らせた。天棚機姫神《あまのたなばたひめのかみ》に神衣《かみむそ》を織らせた。（古語拾遺）

これは、最高神の岩戸隠れによってほころんだ世界秩序を織り直し、もとの正しい織り目模様を回復するための行為として理解することができる。

倭文氏の祖先神アマノハツチヲと、同一の神だと思われる神が『日本書紀』に登場する。「倭文神《しとりかみ》　建葉槌命《たけはつちのみこと》」である。倭文神タケハツチは、『日本書紀』本文に記された中《なか》つ国《くに》平定神話のなかで、「一《ある》に云はく」として書き添えられたごく小さな異伝のなかにだけ現れて活躍する神だ。

神話の本文では、高天原《たかまのはら》から派遣された戦神・経津主神《ふつぬしのかみ》（フツヌシ）と武甕槌神《たけみかづちのかみ》（タケミカヅチ）が、地上世界の支配者・大己貴神《おほなむち》（オオクニヌシ）に国譲りを承諾させ、ほかの自然神たちをも征伐して天に復命した次第が語られる。その最後に、このような異伝がつけ加えられている。

一説によれば、フツヌシとタケミカヅチの二神はついに邪神や草木石の類を誅伐《ちゅうばつ》し、すべて平定し終えた。服従しない者は、星の神・香香背男《かがせを》だけだった。そこでさらに倭文神のタケハツチを派遣すると、この神も従った。それで、二神は天に昇ったという。倭文神は、ここではシトリカミと訓《よ》む。

（日本書紀　第九段の本文）

倭文神タケハツチは、タケ（猛々《たけだけ》しい）ハ（衣服）ツ（〜の）チ（神霊）で、「倭文織物をつかさどる猛々しい衣服の神」の意である。倭文がいくら丈夫にできているにしても、強力な戦神フツヌシとタケミカヅチがもてあました荒ぶる星の神を、最後に突然現れた織物の神が征服するのは奇妙なことに思われる。

しかしこれまで述べてきたように、倭文がただの織物ではなく、世界の秩序を織りなす「運命の織物」だとすれば、この神が悪神を退治する理由を理解することができる。倭文神タケハツチは、倭文苧環のように怪物を捕縛する網・綱として働いたのだ。

天から「運命の織物」が投げかけられると、自然神の混沌とした力はその網の目によって秩序化され、あるべき運命のなかに絡めとられていく。昔ばなしのなかで蛇聟を捕らえた苧環の麻糸は、倭文神のこのような力をいまに伝えているのである。

第八話

蛇女房

無欲と貪欲の報酬

貧乏な男がいました。
ある日、美しい女がたずねてきて二人は夫婦となり、子どもができます。
女は「わたしが呼ぶまでぜったいに部屋をのぞいてはいけません」といって、
子どもを産むために部屋に籠《こ》もりました。
男が部屋をのぞくと、大きな蛇が赤ん坊を抱いています。
人間の姿にもどった女は「本当の姿をみられたからには一緒に住めません。
赤ん坊にはこれを舐《な》めさせてください」といって、目玉をおいて出ていきました。
子がしゃぶって目玉がなくなったので、大蛇を探してもう一つ目玉をもらいました。
大蛇は「眼がみえなくなりましたので、朝晩に鐘をついてほしい」といい残し、
二度と姿を現しませんでした。

蛇女房――けなげな嫁

昔ばなしのなかには、人間以外の異類の女房たちが登場する一群の話がある。鶴や蛇、狐、魚などが人間の姿になって男性の女房となり、機織《はたお》りをしたり、美味《おい》しい料理をつくったりして利益をもたらすというものだ。このような女房が現れるのは、正直で無欲な人間のもとである。「蛇女房《へびにょうぼう》」も、日本各地に広く伝承される異類女房譚《たん》の一つである。

昔、正直な商人がいた。子どもたちがひみず（蛇の子）を殺そうといじめていたので可哀想《かわいそう》に思い、懐中から一文二文ずつやって蛇を買いとり助けてやった。夜中にきれいな女がやってきて、彼と夫婦になる。ある日、家内が戸を閉めて昼寝をしているところを窓からのぞくと、八畳間いっぱいの大蛇がとぐろを巻いて子を抱いていた。家内は助けられた蛇だと告げて子どもを託し、子に舐《な》めさせる大きな玉を残して、山の洞穴に去っていった。子どもを育てる玉が近所の評判になり、島原の殿様が玉をとりあげてしまったので、亭主が洞穴へ行くと、片目を布で包んだ家内が出てくる。家内は自分にはもうあの玉はできないが、おばの目をもらってきたといって亭主に与え、これをもって帰って早く逃げろという。そのあと蛇が七日七夜にわたって山を崩して城下へ石を転がし、憎い殿は不仕合わせになって、大きい石にしかれたそうだ。

（香川県三豊《みとよ》郡志々《しし》島　武田明『讃岐佐柳島・志々島昔話集』三省堂、一九四四年　要約）


主人公は、なんの見返りも求めず、わざわざお金を払ってまで蛇を助けるような無欲でやさしい男性である。助けられた蛇は人間の女性の姿に変身して彼のもとに出現し、女房となって子どもを産む。各地の多くの例では、出産の際に夫が産屋をのぞくと妻は蛇の姿をしていたと伝えている。妻は子どものために、自分の片目をくり抜いて渡して去っていく。子どもはその目玉を舐めて育つが、殿様に奪われてしまったので、夫が再び妻に会いにいくと、妻はもう一方の目玉も与えてくれた。そして自分は盲目になって朝夕の区別もわからないから、毎日、寺の鐘を撞《つ》いて時を知らせてくれという。あるいは地震や高波を起こし、殿様を滅ぼしたと語られることが多い。無欲な人間のもとに現れた蛇女房は、夫に子どもを授けるだけでなく、両目を失い自分を犠牲にしてまで我が子と夫のために尽くしてくれる、けなげな女性だった。

蛇女房の夫とは正反対に、欲張りでケチな男性のところにも異類の女房が現れることがある。その場合はどのような女房がやってくるのだろうか。

食わず女房――夫を喰らおうとする嫁

青森県から鹿児島県まで広く伝承されている昔ばなしに、「食わず女房」という話がある。

昔、桶屋が「人よりうんと稼いで、飯も食わない嬶《かがあ》欲し」といって、物を食わない女をみつけた。けれどもキシネ櫃《ひつ》の米が減るので、桶屋が家の二階からみていると、嬶はうんと大きな鍋で米と汁を煮て、握り飯を二十も三十もこしらえた。そして髪を解き、頭のなかの大きな口を開いて握り飯を十ほど「ズボンスボン」と入れ、汁を柄杓で「どはり」と入れた。桶屋が家に帰ると、嬶は「だれかに本当の様子をみられたから帰る。別れのしるしに桶をつくってくれ」という。

女はもらった桶のなかに桶屋を入れ、ふたをして山へ連れていった。途中で桶の底が抜けて桶屋は逃げる。菖蒲《しょうぶ》の野原に逃げると、女は追いかけてきて菖蒲の葉を眼に入れ、めっこ（片目）になった。蓬《よもぎ》の野原に逃げると、女はもう片方の眼に蓬の葉を入れて座頭（盲目）になった。それから五月の節句の日に菖蒲と蓬を屋根に挿して、おっかねぇ者が来ないようにするそうだ。食わない嬶が欲しいというものではない。
（岩手県二戸《にのへ》市　菊池勇『二戸の昔話』一九三七年　要約）

この昔ばなしの主人公は、「人よりうんと稼いで、飯も食わない嬶」（岩手）、「人の三倍も仕事をして飯を食わない女房」（兵庫）、「若うてきれいで物を食わん女」（広島）が欲しいと願い、「嫁は飯を食べさせなくてはならないから」（京都）といって結婚せずにいるような、ひどくケチで欲の深い男性である。そんな彼の前に、まったく飯を食わないという美しい女性がやってきて女房になる。

無欲な夫のもとに現れた蛇女房は夫とのあいだに子どもを産むが、食わず女房はそれとは逆に、赤く裂けた頭の口から大量の食べ物ばかりか夫まで呑《の》み込んでしまおうとする、貪欲《どんよく》な人食いの化け物だった。食わず女房の正体も、夫ののぞき見によって露見する。夫婦は別れることになるが、蛇女房が一人でおとなしく去っていったのに対して、食わず女房は夫に襲いかかって捕獲し、あとで食べるために連れ帰ろうとする。

その後、蛇女房の夫は新しい目玉をもらいに自ら妻のすみかを訪れるが、食わず女房の夫は反対に妻のもとから自分の家へと逃げ帰る。そしてどちらの女房も、最後に盲目になったことが語られている。こうしてみると、蛇女房と食わず女房は別々の存在ではないことがわかる。食わず女房の頭上には「蛇のような口」（宮崎）が開いていたなどとも伝えられ、その正体は蛇だとする話も全国各地に認められる。

夫に利益をもたらす蛇女房の特徴をすべて負の方向に逆転させると、そこに食わず女房の姿が現れる。子どもを産む蛇女房と、人間を喰《く》らう食わず女房はじつは表裏一体の存在で、正と負のどちらの姿を現すかは、夫の性質（無欲／貪欲）によって決まる。優しい蛇女房も怒れば一転して恐ろしい化け物となり、高波で町を滅ぼすほどの力を振るうのだ。

食わず女房の正体

多くの類話によれば、食わず女房の正体は山姥《やまんば》だという。山姥（山母）は、日本の昔ばなしや伝説などにしばしば登場する女性の妖怪《ようかい》である。吉田敦彦氏は、山姥が人を食い殺す恐ろしい妖怪であるとされる反面で、一度に七万八千人の子を産んだとも伝えられるほど多産であり、また農作物を豊かに実らせる力をもつ山の女神でもあるとしている（吉田敦彦『昔話の考古学』中央公論社、一九九二年）。

　昔、十二月二十八日の餅搗《もちつ》きの日、貧しい家に、奇妙な老婆が入ってきて、餅搗きを手伝ってくれた。お礼に餅を渡すと、老婆は喜んで受けとり、この家は繁昌《はんじょう》するといって去った。その年、老婆の予言どおり、豊かな実りを得ることができた。以来、毎年そのことが続き、家は大変に繁昌することとなった。

十年経って豊かな暮らしに慣れてきたころ、老婆の来訪がうるさく思われるようになり、餅搗きを一日早めて、二十七日に済ましてしまった。老婆は、餅搗きの翌日にやってきて、わしはこの先に住む山姥だが、これでおしまいだといって帰ると、家はたちまち落ちぶれてしまった。

（高知県高岡《たかおか》郡　福田晃編『日本伝説大系』12、みずうみ書房、一九八二年　要約）


山姥＝山の神信仰は、吉田敦彦氏によれば縄文時代の大地母神信仰にまでさかのぼる。大地の人格化であるこの女神は、体から動物や植物や鉱物などすべての恵みを産み出す母神だが、そうして産み出されたすべての生き物が死んで帰っていく墓場そのものでもある。死者たちは母神の体内で受胎され、再び地上世界へ産み出されていく。死と再生をつかさどるこの古い大地の母神の性質が、一方で山姥＝山の神に受け継がれ、他方で『古事記《こじき》』『日本書紀《にほんしょき》』などの古代神話に登場するイザナミや、磐長姫《いわながひめ》と木花開耶姫《このはなのさくやびめ》などの女神たちのなかによく残されている。

イザナミは創世神話に登場する大地の女神である。体から国土の島々や山川草木などの世界の万物を産み出す生産の女神だが、火の神を産んで死に、黄泉《よみ》の国を支配する死の女神となったと語られている。

吉田敦彦氏は、黄泉の国のイザナミの神話と食わず女房の昔ばなしがよく似ていることを指摘する。神話では夫のイザナキが妻のイザナミを追って黄泉の国を訪れるが、醜く腐った妻の恐ろしい姿をのぞきみて、妻の追撃を受けながら命からがら逃げ帰ったことが次のように語られている。

イザナキが一つ火を灯してみると、イザナミの体はふくれあがり、その上に八種の雷がいた。イザナキが驚いて逃げ帰ると、雷たちがみな起き上がって追いかけてくる。そのとき道端に大きな桃の木があったので、彼はその木の下に隠れ、桃の実をとって雷に投げつけるとみな逃げていった。これが、桃によって鬼を追い払うことの由来である。

（日本書紀　第五段の九）

食わず女房の夫が妻の正体をのぞき見によって知り、追われながら必死で逃げたように、妻イザナミの恐ろしい姿をみた夫のイザナキも、妻や魔物の追撃を受けながら逃げていく。

また、食わず女房の夫が最後に菖蒲と蓬の力に助けられ、それが端午の節供にそれらを使って魔除《まよ》けにする習俗の起源になったとされるのと同様に、イザナキも桃の実の力を借りて魔物を退散させ、それが桃を魔除けに用いることの起源となったと語られている。

食わず女房は、黄泉の国のイザナミによっても表されるような、大地の母神の死の女神としての側面を体現する存在なのである。他方の産み出す女神の側面は、蛇女房の姿をとって、食わず女房の裏側にある。

夜の蜘蛛と朝の蜘蛛

西日本を中心に、食わず女房の正体は蜘蛛《くも》である、または山姥が蜘蛛に化身して、とりそこねた夫を再び捕まえにくるとする類話が伝承されている。

（食わず女房が男を釜に入れて担いでいくと）男が途中で松の木につかまって逃げ、あとをつけていく。女は岩の前に来て「お父っあん、魚をとって来たい、二人で食おうやあ」といって釜を下ろすと男はいない。女が「まあええ、明日の晩行って蜘蛛になって自在鉤《じざいかぎ》から下りてとってくるけん」というのを聞いて、家に帰り五、六人の男を頼んで待っていると、蜘蛛が自在鉤から下りてきたので殺してしまう。それで「宵の蜘蛛は買うても殺せ」というそうである。

（広島県安佐《あさ》　関敬吾『日本昔話大成』6、角川書店、一九七八年）

食わず女房は、糸を操《あやつ》って獲物を捕食する恐ろしい蜘蛛の姿によっても表現される。「夜の蜘蛛は縁起が悪い」「夜の蜘蛛は親に似ていても殺せ」という俗信は、全国的にいまもよく知られている。しかしあべこべに「夜の蜘蛛が入ってくると金が入る」「夜の蜘蛛は親の敵に似ていても殺すな」と語られることもある。また、縁起の悪い夜の蜘蛛に対して「朝の蜘蛛は縁起がよい」「朝の蜘蛛は親の敵に似ていても殺すな」と伝えられることも多い（常光徹『伝説と俗信の世界』角川書店、二〇〇二年）。

このように蜘蛛は、朝／夜、生／死という相反する価値を担う。大地の母神の生と死の二つの側面は、万物の母イザナミと死の女神イザナミ、蛇女房と食わず女房の一対に表されているが、それはまた朝蜘蛛と夜蜘蛛の一対としても表されるのである。

ところで、大地の母神は、縄文時代の土偶にもなっている。その多くは胸やお尻が強調され、産む力に満ちた女性像だが、縄文時代終末期の土偶のなかには「土偶型容器」といわれる、怒っているような怪奇な表情を特徴とするものがある。この女性像は頭頂部が開いていて中空の容器になっており、体内に嬰児《えいじ》の骨や歯が入れられていたという。

この土偶は、春の再生を願って犠牲に捧《ささ》げられた嬰児をその腹におさめた母神の姿を表すとされ、人食いの山姥との共通性が指摘されている（吉田敦彦『縄文の神話』青土社、一九八七年）。まさに、頭の上の大きな口から人間を呑み込む食わず女房の姿そのものである。古い大地の女神は、犠牲を求めるかわりに豊穣をもたらすという二面性をもち、それがさまざまな物語に影響を与えてきたのである。

昔ばなしの論理を読み解く②

「異類女房」譚《たん》と呼ばれる一群の昔ばなしがある。鶴女房、魚女房、蛇女房、狐女房、食わず女房、天人女房、竜宮女房などである。

これらの話はほぼすべて、「異類の女が現れて人間の男と結婚するが、結局は離別する」という基本的な筋を共有する。しかしただ異類の種類を替えて、似たような話がむやみに存在するのではない。これらの話は互いに対立しつつ、それぞれが独自の位置を占めて秩序ある全体を構成している。ここでは、異類女房譚の中でもよく知られた上記七つの話を取り上げることにする。

鶴女房／魚女房

はじめに「鶴女房」の話と「魚女房」の話を対比してみよう。「鶴女房」は、猟師が山で罠《わな》にかかった鶴を助けてやると、鶴が人間の女の姿で現れて男の女房になる。毎日高価な織物を織るが、見るなといわれていた部屋を男が覗《のぞ》くと鶴が羽毛で機を織っていた。正体を知られた鶴は飛び去っていくという話である。

「魚女房」は、漁師が川で釣った魚を放してやると、魚が人間の女の姿で現れて男の女房になる。毎日美味《おい》しい汁を作るが、男がのぞき見ると魚が鍋にまたがって小便を出していたので、怒って追い出したという話だ。女房の正体は「鮭・鯉・鱒《ます》」などであるが、「蛤《はまぐり》」とされることも多い。

「鶴女房」と「魚女房」の話は、「人間の男に助けられた異類が女に変化して現れて女房になり、自分の体から出したもので男の生活を豊かにするが、正体を見られて泣く泣く去っていく」という共通する筋をもつ。しかし一方でこの二つの話は、多くの点で互いに正反対である。

たとえば「鶴女房」の話は「猟師」が登場して「山地」で展開するのに対して、「魚女房」の話は「漁師」が登場して「川辺や海辺」で展開する。また鶴女房が「天界」に属するとすれば、魚女房は「水界」に属する異類である。鶴女房は自分の羽毛で織物を「生産」するが、魚女房は体内から汁を搾り出して美味しい食物を「排泄《はいせつ》」した。その様子を見た夫は、飛び去る鶴女房を「憐《あわ》れみ」、あるいは魚女房を「嫌悪」して追い出したという。この二つの話の間には、共通する筋を軸として一方が他方の裏返しをなすような対応関係が認められる。

鶴女房／蛇女房・狐女房／魚女房

このように対照的な「鶴女房」・「魚女房」と、「蛇女房」・「狐女房」の話との関係を考えてみる。「蛇女房」の話は、男に助けられた蛇が人間の女に変化して男の女房になり、子どもが生まれるが、正体を知られ子どもを残して去っていく。男が山の沼へ妻に会いに行くと、蛇は子どものために自分の片目を与える。その目玉を殿様に取られると、もう一方の目も与え、目が見えないので鐘を撞《つ》いて朝夕の刻《とき》を知らせてくれと言った、というものである。

「狐女房」は、男に助けられた狐が人間の女に変化して男の女房になり、子どもが生まれるが、尻尾《しっぽ》を見られて正体を知られ子どもを残して去っていく。男が森へ妻を訪ねていくと、狐は乳代わりの宝玉を与えてくれた。子どもは偉大な人になったという話だ。

「蛇女房」と「狐女房」はどちらも「人間の男に助けられた異類が女房となって子どもを生み、正体を知られて去っていくが、会いに来た男に子どもを育てるための贈り物を与え、それによって子どもは立派に成長した」という話である。「蛇女房」の結末には寺の鐘撞きの由来や、津波・地震による殿様への復讐《ふくしゅう》譚がつくことも多いが、他の点では両話はきわめて共通性が高い。とくに人間と異類の結婚であるにもかかわらず、夫婦の間に子どもが生まれる点が大きな特徴である。そこでこの二つの話は「蛇・狐女房」としてまとめて扱うことにする。

「鶴女房」と「魚女房」と、この「蛇・狐女房」を対比してみると、対極的な「鶴女房」と「魚女房」に対して、「蛇・狐女房」がちょうどその中間の位置を占めていることがわかる。まず異類の属する領域についていえば、鶴女房は「天界」、魚女房は「水界」に属するのに対して、蛇・狐女房は「陸界もしくは水陸両界」（山、山中の沼、森）に属する。

鶴女房の夫の職業は山の「猟師」、魚女房の夫は川や海の「漁師」であるのに対して、蛇・狐女房の夫は「侍・農民・商人・医者」など村里の職業に従事していたとされることが多い。このような夫と結婚して、鶴女房は織物を「生産」し、魚女房は食物を「排泄」し、蛇・狐女房は子どもを「出産」した。異類の正体が暴露されると、鶴女房の夫は飛び去る妻を「憐れみ」、魚女房の夫は妻を「嫌悪」して追い出したが、蛇・狐女房の夫は別れたあとも妻に会いに行き、残された子どもを大切に育てた。子どもはのちに、安倍晴明《あべのせいめい》や殿様などの偉大な人になったと語られることも多い。ここには異類を「畏《おそ》れ敬う」感情を認めることができる。

こうしてみると「蛇・狐女房」は、対極的な「鶴女房」と「魚女房」のちょうど中間にあたるような第三の位置、いわば「鶴女房」と「魚女房」を他の二つの頂点とする三角形のもう一つの頂点に位置しているといえるだろう。

蛇・狐女房／食わず女房

蛇・狐女房は立派な人間の子どもを生み出すことができた。つまり人間にとってプラスの価値をもつ存在だが、これが逆転してマイナスの価値を帯びてしまったらどうなるだろうか。そのような負の価値を担っているのが、食わず女房である。

「食わず女房」の話は、桶屋《おけ》が飯を食わずに働く女房を欲しがっていると、美しい女が来て女房になる。女は飯を食わずによく働くが、倉の米が減っていく。男がこっそりのぞき見ると、女は頭の上の大きな口から握り飯をたくさん呑《の》み込んでいた。男は怖れて別れを告げるが、女は大桶に男を入れて山奥へ持ち帰ろうとする。途中で逃れ出た男が菖蒲《しょうぶ》の群生地に隠れると、女は葉先で目を突いて逃げ去ったという話である。

「蛇・狐女房」と「食わず女房」は基本的な話の筋を共有するだけでなく、他にも多くの共通点をもつ。たとえば食わず女房の故郷は山であり、蛇・狐女房と同じ「陸界」に属する。蛇・狐女房の夫の職業は「侍・農民・商人・医者」などだが、食わず女房の夫も「職人（桶屋・小間物屋）・商人」などの村里の職業に従事していたと語られることが圧倒的に多い。また妻の正体が暴露された後も、蛇・狐女房の夫が妻の故郷を訪れたように、食わず女房の夫も無理やりではあるが妻の領域に連れ込まれている。

ところがこのような共通点をもつ両話の男は、正反対の性質をもつ。蛇・狐女房の夫は貧しいにもかかわらず報酬も求めずに動物の命を助けるような、いたって「無欲」な人物とされるのに対して、食わず女房の夫は「人の三倍も仕事をして飯を食わない女房が欲しい」と願っているような、異常にケチで「貪欲」な人物である。

無欲な男の方へ現れる異類女房（蛇・狐・鶴・魚）は何らかの形で夫に富をもたらすが、貪欲な男の方に現れた異類女房は大量の飯や味噌汁や魚を食らい、夫の財産を急激に減らしてしまった。つまりプラスの価値をもたらすはずの女房はここで、マイナスの価値をもつ女房へと逆転しているのである。

蛇・狐女房は子どもを「出産」し、自分の体から外へ新しい命を生み出す。ところが食わず女房は大量の食物を「摂食」してその体内に呑み込んでしまう。そのうえ蛇・狐女房が目玉や宝玉を与えて子どもを養い育てるのに対し、食わず女房の最終的な目的は夫を食らって死なせることだった。ここには明らかに「生」と「死」の対立を認めることができる。正体が暴露した異類女房に対して、蛇・狐女房の夫は「畏敬」の念を抱いたが、食わず女房の夫はひたすら「恐怖」に取り憑《つ》かれた。

以上のように「蛇・狐女房」と「食わず女房」の話は基本的な筋を共有しながら、「富」や「生死」というテーマにおいて一方はプラスの価値を、他方はマイナスの価値を担う。両話は、いわば同じコインの裏表の関係にあるといえる。

天人女房／竜宮女房

最後に「天人女房」と「竜宮女房」の話を対比してみる。「天人女房」は、男が、水浴びをする天女の羽衣を盗んで妻にする。子どもが生まれるが、天女は羽衣を見つけ、子どもを連れて天に帰る。男も夕顔の蔓《つる》を伝って後を追う。天女の父が畑に八斗の粟《あわ》を播《ま》け、播いた種を全部拾えなどの難題を課すが、妻の助けで克服する。しかし食うなといわれていた瓜《うり》を食ったため瓜から大水が出て、男は下界に流されたという話だ。「竜宮女房」の話は、薪《まき》を海に流していた男が竜宮に招かれ、神様から娘を与えられて帰ってくる。殿様が美しい妻を横取りしようとして、打たずに鳴る太鼓をもって来いという難題を課すが、妻の助けで克服し、二人は幸せに暮らしたというものである。

両話のもっとも基本的な筋は、これまで見てきた異類女房譚と同じである。しかし「竜宮女房」の話については他の異類女房譚より伝承される類話数が少ないうえ、話の形も不安定で、結末部に関して夫婦が幸福に暮らす形式と、妻が夫を出世させたあと自ら海に去っていく形式とが両方伝えられている。

「天界」に属する天女の話と「水界」に属する竜女の話は、共通する筋を軸としてやはり正反対の対応関係にある。天女の夫は羽衣を盗んで無理やり妻を「奪取」したが、竜女の夫は水神から妻を「授与」されている。こうして獲得した異類の妻はどちらの場合もよく働き、米を増やすなどして男の暮らしを豊かにしたが、この結婚生活を維持するために男は難題を克服しなくてはならない。難題の最後に天女は夫の失敗によって「意に反して」離別するが、竜女は「自分の意志で」去っていく、あるいは別れずに夫婦で幸福に暮らしたという。

異類の価値

ここで七つの異類女房譚の関係についてまとめてみると、表のようになる。横の軸は、異類女房が属する領域を表す。「天界」の欄に鶴女房と天人女房、「水界」に魚女房と竜宮女房、その中間にある「陸（水陸）界」に蛇・狐女房と食わず女房が位置づけられる。縦の軸には、人間以上か人間以下かという、人間に対する異類の立場の優劣が表されている。「人間以上」の欄に天人女房と竜宮女房、「人間以下」の欄には鶴女房と魚女房、その「中間」の欄に蛇・狐女房と食わず女房が入る。

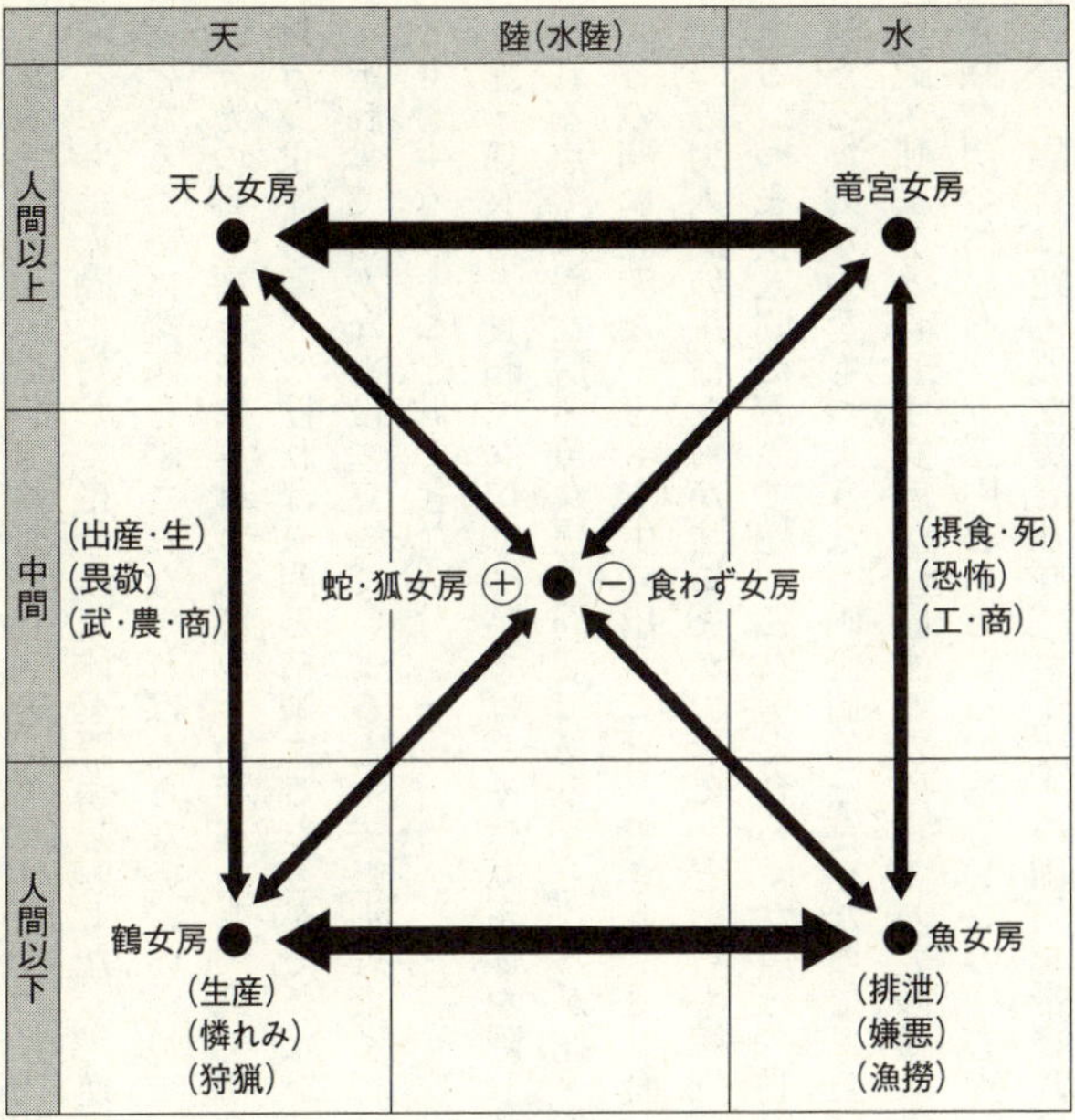
天
陸（水陸）
水
人間以上
中間
人間以下
天人女房
竜宮女房
（出産・生）
（畏敬）
（武・農・商）
蛇・狐女房 ⊕
⊖ 食わず女房
（摂食・死）
（恐怖）
（工・商）
鶴女房
（生産）
（憐れみ）
（狩猟）
魚女房
（排泄）
（嫌悪）
（漁撈）

天女と竜女は人間以上の神的存在として、他のすべての異類女房より高い位置にある。彼女たちは人間に対して自分の正体を隠す必要もなく、逆に人間の方がその夫に相応《ふさわ》しい者となるために難題を課されなければならない。

一方の鶴女房と魚女房は、人間以下の存在として低く価値づけられている。彼女たちは、自分の正体を隠さなければ人間と結婚することができない。その正体が知られれば、たとえそれまでどんなに役に立っていようとも夫と別れなくてはならず、人間の夫との間に子どもを生み残すこともできない。

蛇・狐女房と食わず女房については、やはり正体を隠して結婚し、正体の暴露によって別れる点では鶴女房・魚女房と同じである。ところが蛇・狐女房は、動物でありながら人間との間に立派な子どもを生み出すことができる。また食わず女房は、頭の口から呑み込むことで人間の生命を脅かすことができる。どちらも鶴女房・魚女房にはできないことである。つまり人間にとって蛇・狐女房と食わず女房は、動物的存在であると同時に人間を超える神的な力をもつような、両価値的な存在なのである。

蛇・狐女房と食わず女房が位置するのは、この表の横の軸でも縦の軸でも中間、つまり異類女房全体のちょうど中心のところである。この中心点が人間にとってプラスの価値を帯びる場合は蛇・狐女房となり、マイナスの価値を帯びればここに食わず女房が出現することになる。七つの異類女房譚がそれぞれの位置を占める論理的な全体は、私たちが共有してきた異類についての価値観をよく表している。

第九話

産神問答

魂を掃き出す箒の力

その日に子どもが生まれるという金持ちの男が、どうしても家に帰り着けず、村のお堂で宿をとっていたとき、だれかの話し声が聞こえました。

「男の子は運が悪いが、女の子は運がいい」などといっていて、男は自分の家の赤ん坊のことかと心配していました。

家へ帰ると、男の赤ん坊が生まれていました。隣家でも女の子が生まれていて、同じ日に生まれたのもなにかの縁だということで、将来結婚させようと提案しました。

娘は器量はよくないが、運の強さで商売は繁盛します。

しかし、息子は嫁が気に入らず、追い出してしまいます。

すると家運はかたむき、貧乏になってしまいました。

出産を助ける神々

人間があの世からこの世へ生まれ出てくるとき、出産の手助けをしてくれる神を総称して「産神《うぶがみ》」という。産神は危険な出産のあいだ、血の穢《けが》れをいとわずに母と子を守護し、生まれた子どもの運命を定めると考えられている。「産神問答」は、このような産神が登場する昔ばなしである。

昔、主人と下男が八幡様のお堂で雨宿《あまやど》りをしていると、神様たちが話をはじめた。山の神が八幡様に「町のだれだれのところにお産があるので行くところだが、あなたも来てください」という。八幡様は、今夜はお客があるから家をあけられないといって断る。すると山の神と箒《ほうき》の神は出かけていった。しばらくして神様たちが帰ってきて、主人の子は男だが運をもっていない、下男の子は女だが運をもって生まれてきたと話した。

主人と下男が家に帰ると、神様たちがいったとおりに子どもが生まれている。そこで主従は、二人の子を夫婦にすることにした。成長して主人の息子は呉服屋を開く。下男の娘は美しく賢くよく働く姉様で、彼女が嫁入りしてから店は繁盛した。ところが息子は姉様を嫌って追い出した。

姉様はあてもなくさまよい、山村の貧しい爺婆の家においてもらう。翌朝、姉様が蕪《かぶ》を掘ると穴から酒がこんこんと湧き出し、酒屋を開いて大繁盛した。そこへもとの亭主がみすぼらしい格好で、箕《みの》を売りにきた。姉様はそれを毎日言い値で買って握り飯をくれてやったが、男はいつも田んぼに捨てていた。犬がその握り飯を食べたらなかから小判が出てきた。やっぱり運の良い人と悪い人は生まれるときから決まっているのだ。

（青森県　能田多代子『手っきり姉さま』未来社、一九五八年　要約）

この話には山の神と箒神が登場しているが、便所神、地蔵、道祖神などである場合も多い。これらの神々は、日本の各地において産神の役割を果たすとみなされている。

山の神は一度に十二人の子を産むなどと伝えられ、多産であることを特徴とする母神である。便所神、地蔵、道祖神は、いずれも異なる世界との境界に位置する神で、子どもをあの世からこの世へ導くと考えられてきた。では、箒神はなぜ出産を助ける力をもつとされるのだろうか。

境界を越えさせる呪具

出産のとき、産室に箒を立てたり、妊婦の腹部を箒でなでたりして安産を願う民俗は、かつて日本の各地で行われていたことが報告されている（大島建彦他編『掃除の民俗』三弥井書店、一九八四年）。

難産の時、産婆が箒を産婦の後ろにさかさに立て呪文を唱える。（青森県）

箒の神様はお産の神様といわれ、むしやめ（陣痛）の時には、箒で腹を撫でてもらうとよいと伝えており、実際に難産の時、姑にそのようにしてもらった経験者もいる。女が箒をまたいではならないとか尻にしくのを忌む風は一般的である。（新潟県）

ホーキガミが立ち寄ってくれないと産ませてくれないといって、産気づくと箒を神棚に供えて安産を祈る。

(高知県)

箒をお産の神、あるいは安産のための呪具とみなす考え方は古く、『古語拾遺《こごしゅうい》』(平安初期)に記された神話のなかにも認められる。

天祖、彦火尊《ひこほのみこと》が海神の娘の豊玉姫命《とよたまびめのみこと》(トヨタマビメ)と結婚して、彦瀲尊《ひこなぎさのみこと》が生まれた。誕生の日に、海辺に産屋を建てた。そのとき掃守連《かにもりのむらじ》の遠祖である天忍人命《あまのおしひとのみこと》がお仕えしていたが、箒をつくって蟹《かに》を掃いた。そこで宮中の掃除・敷物・設営をつかさどる役職についた。名づけて蟹守という。

(古語拾遺)

トヨタマビメが海辺の産屋で出産するとき、天忍人命が箒をつくって蟹を掃いたとある。生まれた子どもの頭に蟹をはわせる習俗は、奄美《あまみ》、沖縄《おきなわ》にかけて広く行われているというが、これは生児が蟹のように脱皮して、永遠の若さや長寿を得ることを願うものだと解釈されている(大林太良『神話と民俗』桜楓社、一九七九年)。蟹をなでる箒も、強い生命力をもって、子どもが無事にこの世に出現することを促すためのものだと思われる。

箒の呪力については、飯島吉晴氏、常光徹氏がくわしく論じている（飯島吉晴『子供の民俗学』新曜社、一九九一年／常光徹『学校の怪談』ミネルヴァ書房、一九九三年）。飯島氏によれば、箒は「此の世と異界、生と死、内と外といった二つの異なる世界の境にたって両界の間の霊魂の媒介をしている」のだという。つまり箒はこちら側からあちら側へゴミを掃き出すように、魂にうまく境界線を越えさせる力をもつと考えられているのである。

婚礼と葬式における役割

霊魂の越境を媒介する箒の力が発揮されるのは、出産のときばかりではない。飯島氏、常光氏が指摘するように、人生の重要な節目を越えるための通過儀礼（婚礼、葬式）や、季節の境目を越えるための年中行事においても、やはり箒が重要な役割を果たしている。

嫁の出た後は座敷に塩や灰を撒いて箒で掃く。

（秋田県　大島他編前掲書）

嫁が婿の家に入る時、竹箒を持った人が嫁を家の中に掃き込む。

嫁一行が玄関先に着くと、冷酒で軒端の盃をする。其時萱束《かやたば》のたいまつを燃やす。ツキ衆は玄関から上がるが、嫁は手引婆に伴われて庭ン戸口則《すなわ》ち勝手口から入り、台所を経て納戸におさまる。その戸口の敷居のかげに庭箒がかくされてあるが、嫁は絶対に跨《また》ぎ超してはならない。

（埼玉県　大島他編前掲書）

婚姻の儀礼においては、花嫁が生家を出る際と、婚家の敷居を越えて入る際に箒が用いられている。それまでの娘の世界から妻の世界へ、女性をすんなりと移行させるためである。葬送の儀礼でも、箒が重要な呪具として用いられる。

（熊本県　柳田国男『婚姻習俗語彙』国書刊行会、一九七五年）

出棺の直後に藁箒で座敷を掃き、死者の霊魂を払い出す。そこから、人が出て行った後の掃き掃除を忌むのである。また藁箒もふだんは忌む。

（福島県　大島他編前掲書）

こちらでは死体の上に古鎌と古箒をのせる。箒は藁シブ（穂軸）で作ったシブ箒で、（中略）これの使い古したのを死の折には使い、そして葬式の後では、埋めた上に右の二品とも立てておくという。このあたり、名和町、中山町、大山町などを歩く間に、墓に箒が立ててあるのは何度か目にしている。

（鳥取県　斎藤たま『死とものの け』新宿書房、一九八六年）

九州佐賀《さが》の佐賀郡富士《ふじ》町市川《いちかわ》のあたりでは、箒は体の上にのせるのではなく、傍《かたわら》に立てかけるのであった。名称を「さか箒」といい、人死んだらすぐに、掃く方を上にして死人の枕元に立てる。「魔のかけて来っけ、箒で叩かなならん」という。

（佐賀県　斎藤同書）

葬礼の場合には、出棺のあとに箒で掃き出す、死者の上に箒をのせたり、かたわらに逆さに箒を立てる、墓に箒を立てるなどが行われている。

この世に子どもが生まれ出るとき、女性のそばで箒が祀《まつ》られたように、死者のかたわらにも箒がおかれ、死者の魂は出棺とともに家の内から外へ掃き出される。墓場に立てた箒は、その魂がこの世に迷いとどまることなく、あの世への境を越えて送り出されることを願うものだろう。「魔のかけて来っけ」というくだりは、死者の体内に入り込もうとする悪霊を箒で外へ掃き出す、というような意味である。

このような葬礼の箒は古代神話のなかにも登場する。たとえば『古事記《こじき》』の天若日子《あめわかひこ》神話には、葬儀において「箒持《ははきもち》」という役割があったことが記されている。

死んだアメワカヒコの父や妻子が天から降りてきて、泣き悲しみ、喪屋《もや》をつくった。そして河雁《かわがり》をきさり持ち（死者の食物を運ぶ役）とし、鷺《さぎ》を箒持ち（喪屋を箒で掃く役）とし、翠鳥《そにどり》を御食人《みけびと》（死者に食事をさせる役）とし、雀《すずめ》を碓女《うすめ》（臼で穀物をつく役）とし、雉《きじ》を泣き女（大声で泣く役）とし、このように役割を決めて、八日八晩のあいだ歌舞を行った。

（古事記）

「喪屋」というのは、埋葬までのあいだ遺体を安置しておく建物のことである。産屋の箒によってこの世へ掃き出されてきた魂は、喪屋の箒によって再びあの世へ送り出されていくと考えられたのである。

なぜまたいではいけないのか

箒が活躍する年中行事といえば、年末のすす払いである。ここでも箒は神聖視され、スストコ、煤《すす》神様などと呼んで門口や庭先に立てたりするという（常光前掲書）。箒は異なる二つの世界を結びつけ、無事に境目を越えさせる働きをする。飯島吉晴氏が指摘するように、年末の箒は新年と旧年の二つの時間を媒介するためのものだろう。年の境目を越したあとは箒を使ってはならないが、その理由は次の例によく示されている。

元旦には座敷を掃いてはいけない。せっかく福の神が入ったのを掃き出すことになるからだという。この日はへやの中は掃いてもゴミは外へ捨てずに土間のあたりにためておく。

（神奈川県　大島他編前掲書）

いまも広く知られている俗信に、「長居する客を帰らせるには箒を逆さに立てておくとよい」というのがある。家の内から外へ、客を掃き出してくれるからだ。また、箒を逆さに立てることは、ほかのさまざまな目的で箒の呪力を用いる際にも共通している。逆さまでの使用は、日常的な使用法とは異なることを表すのである。

箒は強い力をもつと考えられたので、その用い方にはさまざまな禁忌がともなう。なかでも箒で人を叩くことと、箒をまたぐことは厳しく禁じられている（大島他編前掲書）。

箒で人をたたくものではない。たたかれると三年生きられない。（福島県）

箒で人をたたいたり、たたかれたりすると、両方とも気が狂う。（千葉県）

箒をまたいではならない。またいだらまたぎなおすと良い。ことに女人がまたぐと産が重くなる。（宮城県）

箒をまたぐと火事の時腰がぬけて立てなくなる。（栃木県）

箒で人をたたくと死ぬ、あるいは意識を失うというのは、魂が体の外に掃き出されてしまうからである。また、境界線をまたぐ呪具である箒をさらにまたぐことは、異なる世界とのあいだの交通を混乱させる。それゆえ、あの世からこの世への道が滞り、子どもがなかなか移動してこられなくなり難産となる。あるいは火事などの際に、脱出するための道を失ってしまう。欧米では魔法使いは箒に乗っているが、箒にまたがってその方向を自在に制御することができるのは、魔法使いは、魔法使いだけなのだ。

第十話
ミソサザイは鳥の王
仁徳はいかにして聖帝になったか

鳥たちが集まって酒盛りをしていました。
鳥のなかでだれが一番かという話になり、だれもが「タカだ」といいました。
体の小さなミソサザイが「自分が一番だ」といっても、だれも相手にしません。
タカに「イノシシを倒すことができたら王様にしてやろう」といわれ、
イノシシの耳のなかに入り、暴れまわってイノシシを殺します。
しかし、「たかが一頭のイノシシを殺しただけのこと」と、タカは認めません。
そして二頭のイノシシが走っているのをみつけて、
タカは両足にイノシシをつかみ、「どうだ!」といばります。
けれどもタカは二つに裂かれて死んでしまい、ミソサザイが王になりました。

唯一、天皇名になった鳥

ミソサザイ（鷦鷯）は、日本でもっとも小さい鳥である。鳴き声は小さな体に似合わない大きさで、とくに春先のさえずりは巧みで美しいとされてきた。

ミソサザイの古名は「さざき」というが、この名は古代の天皇の名称（国風諡号《しごう》）に用いられている。第十六代仁徳《にんとく》天皇は「大鷦鷯尊《おおさざきのみこと》」（偉大なミソサザイ）、第二十五代武烈《ぶれつ》天皇は「小泊瀬稚鷦鷯尊《おはつせのわかさざき》」（若々しいミソサザイ）という。天皇の国風諡号にとりいれられている鳥はミソサザイだけである。

仁徳天皇は、日本最大の陵墓・大仙陵古墳《だいせんりょうこふん》（百舌鳥耳原中陵《もずのみみはらのなかのみささぎ》　大阪府堺《さかい》市）の主に比定されている大王である。王の物語は、『日本書紀《にほんしょき》』『古事記《こじき》』にくわしく記されている。

『日本書紀』によると、彼の父である応神天皇は三人の息子たちにそれぞれ重要な任務を分け与えた。一番年長の大山守命《おおやまもりのみこと》には山川林野をつかさどること、次のオオサザキには皇太子を補佐して国事をおさめること、最年少の菟道稚郎子《うぢのわきいらつこ》には天皇の地位を継ぐことを命じたという。

この場面はイザナキが三人の子どもたちにそれぞれの任務を定めた、創世神話の最後の場面と呼応している。『日本書紀』(第五段の本文)によれば、最初に生まれた太陽の女神アマテラスには「天上の事」(高天《たかま》の原《はら》の統治)、次に生まれた月の神ツクヨミには「日に配《なら》べて治《し》らす」(日神とならんで政治を行う)こと、末弟のスサノヲに対しては「根の国」(地下世界)に行くことが命じられたとある。

応神天皇の三子の伝説をこの三貴子の神話と対比すると、皇位継承者である菟道稚郎子は天界の支配者アマテラスに対応し、皇太子を補佐してともに国事を行うオオサザキは支配者とともに政治を行うツクヨミに対応し、政治の中心からはずされて山川林野の管掌を命じられた大山守命は下界に追いやられたスサノヲに対応する位置にあるといえる。

このあと神話では、高天の原で長姉アマテラスと末弟スサノヲが対立し、弟の暴挙に怒ったアマテラスが、天《あま》の岩屋《いわや》に閉じ籠《こ》もるという事件が発生する。太陽の女神を失って世界はいったん暗闇に覆われるが、天の神々の祭りによってアマテラスは岩屋から再生を遂げ、スサノヲは下界に追放された。

一方の仁徳伝説でも、年長の大山守命が主権を奪いとろうとして末弟の菟道稚郎子と争い、結局は殺害されたという話が語られる。どちらの話にも共通して、長子と末子の争いと、本来の主権者の側の勝利が語られている。

ところが、アマテラスが争いのあとすんなりと高天の原の王位に即《つ》いたのに対して、菟道稚郎子の場合はそうはいかなかった。彼はもう一人の兄オオサザキとたがいに王位を譲り合う。ついには菟道稚郎子が自殺する（日本書紀）という非常事態が生じ、最後に生き残ったオオサザキがしかたなく皇位に即くことになる。

太陽のミソサザイ、月のミミズク

仁徳元年（三一三）、オオサザキの即位の記事（日本書紀）には、彼が生まれたときの次のような逸話が記載されている。

天皇が生まれた日、ツク（ミミズク）が産殿に飛び込んできた。翌朝、父の応神天皇は大臣の武内宿禰《たけうちのすくね》に「これはなんの瑞兆《ずいちょう》か」とたずねた。大臣は「吉祥です。昨日、私の妻が出産するときに、サザキ（ミソサザイ）が産屋に飛び込みました。これもまた不思議なことです」と答えた。天皇は「我が子と大臣の子と、同じ日に生まれ、ともに瑞兆があった。これは天の意思の表れである。その鳥の名を交換して子に名づけ、後世までの契《ちぎ》りとしよう」という。そこでサザキの名を太子につけて大鷦鷯皇子とし、ツクの名を大臣の子につけて木菟宿禰《つくのすくね》とした。

（日本書紀）

オオサザキの出生時に現れた鳥はミミズクで、大臣の子の産屋に現れたミソサザイの名を得て「オオサザキ」となったのだという。ミミズクは夜行性の猛禽《もうきん》で、それとは正反対に、ミソサザイは昼行性の小鳥だ。その出現は今日でも吉兆とみなされるが、ミソサザイは古来、どのような存在だとみなされてきたのだろうか。「ミソサザイは鳥の王」と呼ばれる昔ばなしをみてみよう。ヨーロッパにも類似の話があるが、日本でも全国各地に伝承されている。

ある日、この世にあるだけの鳥類が集まると、聖人様が「一番先にお日様をみつけたものを鳥の王にしてやる」といった。それで大きい鳥はみんな東の方を向いたが、あいにく曇《くも》った日だった。一番小さいみそっちゅう（みそさざい）が困って西の方を向くと、夕日がキラキラ光りだしたので「ヤーイ、お日様ここおるぞう！」と大声を出した。聖人様は「おまえは小さいけれど頭がいいから、わしの死に水をとってくれ。おまえは鳥の王様じゃ」といってほめたという。

（大分県国東町《くにさき》　宮崎一枝編『国東半島の昔話』三弥井書店、一九六九年　要約）

宮崎県に伝わる類話は、ミソサザイとフクロウを対比して次のように語る。

昔、鳥の仲間の頭《かしら》である孔雀が罠《わな》にかかり、鳥たちが救助法を相談した。するとふくろどん（フクロウ）が「みんなで羽や手足や首を引っぱればいい」というが、「大将の首がとれてしまう」といわれてひっこんだ。そのときみそっちゅう（ミソサザイ）という、体は小さいが賢い鳥が「罠のじわり棒にみんなでのぼってはずしたらい い」という。そうすると鳥たちの重みで棒がはずれ、孔雀どんは助かった。みんなは「みそっちゅうさんにくらべてふくろどんの意見はつまらない。ふくろどんは目障《めざわ》りだから、昼間は出るな」と文句をいった。ふくろどんはすっかりしおれて、それから昼間は木のうろにいて、夜だけ出るようになった。

（宮崎県　比江島重孝編『塩吹き臼―宮崎の昔話』桜楓社、一九七三年　要約）

昔ばなしのなかで、ミソサザイは太陽を最初にみつける昼の鳥で、愚かな夜の猛禽フクロウに対して、小さいけれど王にふさわしい賢明さを備えているとされている。そうするとオオサザキとツクノスクネが生まれた日に、同時に出現したミミズクとミソサザイは、夜と昼、月と太陽の対立を意味している可能性がある。

先に述べたとおり、応神天皇の三皇子が、創世神話におけるイザナキの三貴子と対応しているとすると、オオサザキは本来、月の神ツクヨミに対応する存在である。オオサザキの産屋に現れた鳥がミソサザイ（太陽）ではなく、本当はミミズク（月）だったという逸話の記述は、このこととよく符合しているのである。

つまり、ミミズクとミソサザイの名換えの話は、もともとツクヨミ（月）の位置にあり、太子を輔《たす》けて国事をおさめる立場に生まれたオオサザキが、ミソサザイの名を得ることによって、アマテラス（太陽・主権者）の地位に立つ資格を獲得したことを語っている。この話は、皇太子の急死によるオオサザキ即位の正当性を保証する重要な役割を帯びているのだ。

反逆するハヤブサ

『日本書紀』によれば、天皇となったオオサザキは窮乏する人民のために課役を免除し、治水事業を行い、橋や道や田をつくった。そのおかげで人々は豊かに栄え、オオサザキは「聖帝《ひじりのみかど》」と称《たた》えられたという。ところがこうして平穏な年月が続いたのち、異母弟・隼《はやぶさ》別《わけ》皇子の反逆という大事件が発生する。

オオサザキは雌鳥皇女《めとりのひめみこ》を妃とするためにハヤブサワケを使者として派遣した。ところが、彼はメトリを自分の妻としたうえに、天皇の地位まで奪おうと企《たくら》んだので、怒ったオオサザキは追っ手を派遣し、ハヤブサワケは殺されることになる。この事件の三年後の出来事として、次のような鷹狩りの起源を語る記事が載せられている。

（仁徳）四十三年（三五五）の秋九月一日、依網屯倉《よさみのみやけ》の阿弭古《あびこ》が、まだみたことのない鳥を捕らえて天皇に献上した。天皇が酒君《さけのきみ》にたずねると、彼は「この鳥は馴らせばよく人に従い、素速く飛んで種々の鳥を捕らえます。百済《くだら》ではクチと呼んでいます」という。これがいまの鷹《たか》である。そこで酒君がその鳥を飼い馴らし、天皇に献上した。その日、天皇は百舌鳥野《もずの》に出かけて狩猟をし、鷹を放って多くの雉を獲得した。この月にはじめて鷹甘部《たかかいべ》が定められ、鷹を飼う所は鷹甘邑《むら》と呼ばれるようになった。

（日本書紀）

飼い馴らされたタカがはじめてオオサザキの手に入り、彼はタカを自在に操って多くの獲物を捕ることができるようになったという。肉食の猛禽であるタカやハヤブサは、古くから鷹狩りに用いられた。

ハヤブサが「晨風《しんぷう》」(『出雲国風土記《いずものくにのふどき》』意于郡《おう》)と呼ばれたように、彼らの特徴は獲物を追うときの風を切るスピードにある。今日の俗信でも「タカが鳴くと風が吹く」などというが、タカとハヤブサはどちらも風の化身のような戦士としてその勇猛さが恐れ敬われてきた。しかし、両者は記紀、『万葉集』のなかでは明らかに区別されている。たとえばタカは、「山辺大鶙《やまのべのおおたか》」(古事記　垂仁)や「日鷹吉士《ひたかのきし》」(日本書紀　雄略、仁賢)のように、常に主君に忠実に復命した臣下の名に用いられる。それに対してハヤブサは、「隼別皇子」や南九州の先住民族とされる「隼人《はやと》」など、反逆の可能性をもつ者の名に使われている。

荒々しい風の戦士であるハヤブサの名を負う皇子の謀反は、まさに暴風のような災いだった。その災いを克服してはじまった鷹狩りは「モズ」野で行われたという。モズは、秋の二百十日前後になると現れて「キィー」と高鳴きをする。「モズが来るとその年はもう風が吹かない」「モズが鳴くときは台風が来ない」などといわれ、モズの出現は大風の終わりを告げるものと考えられてきた。

したがって「モズ」野における鷹狩り開始の記事は、ハヤブサによる反逆＝暴風の季節がここに終わりを告げ、オオサザキが狩りをする力(軍事力)を身につけて、タカ(忠実な戦士)を支配して多くの獲物を捕ることができるようになったことを意味している。

戦闘力を兼ね備えたモズ

仁徳六十七年（三七九）冬、オオサザキの陵墓の築造が開始される。造陵の地である百舌鳥耳原《みみはら》について、次のような地名起源説話が記されている。

はじめて陵を築いた日に、突然野原から鹿が飛び出してきて倒れて死んだ。あやしんでその傷を探ったところ、百舌鳥が耳から出て飛び去った。鹿の耳のなかをみると、すっかり食い破られていた。これがその地を百舌鳥耳原というようになった由縁である。

（日本書紀）

小さなモズが耳のなかを食い破って大きな鹿を倒したという。オオサザキはこの百舌鳥耳原の百舌鳥《もず》野陵《ののみささぎ》に埋葬されるので、彼はミソサザイでありながら、最終的にはモズの名も得ていることになる。この説話とよく似た昔ばなしが、「ミソサザイは鳥の王」の異伝の一つとして各地に伝承されている。そこでは大きな獲物をしとめた小鳥は、モズではなくミソサザイだと語られている。

鷹たちが酒盛りをしているところへ、ミソサザイが来て仲間に入れてくれという。猪をとってきたら仲間にしてやるというと、ミソサザイはよしといって飛び出し、猪の耳のなかに飛び込んで殺した。それでミソサザイは、小さい体でも鷹の仲間だと威張るのだ。

（兵庫県神崎《かんざき》郡『民族』一巻五号、一九二六年　要約）

ミソサザイはその知恵で大きな獲物を倒したので、とりわけ小さい鳥でありながらタカの一種である、またはタカより強いのだと主張する。仁徳天皇と深く関わるミソサザイとモズは、どちらもスズメ目の小鳥である。ところがモズは、冬季には猛禽のようにほかの小鳥を襲って捕食する性質をもつので、モズタカ、スズメタカなどとも呼ばれ、スズメ目中のタカとみなされている。つまりモズはミソサザイが狩りの力を身につけた姿なのだ。

こうしてみると、仁徳天皇（ミソサザイ王）伝説は、鳥の比喩によってその生涯が上手く語られていることがわかる（古川のり子「ツクとサザキとモズの神話」『東アジアの古代文化』七四号、大和書房、一九九三年）。彼はミミズクの資質をもって生まれ、ミソサザイの名を得て皇位に即いた。そしてハヤブサを殺害することで、忠実なタカの戦力を自在に操る、戦うモズの性質を兼ね備えた大王となったのである。

第十二話

ホトトギスと兄弟

夜鳴く鳥の悲しい前世

昔々、貧乏な兄弟がいました。兄は目がみえませんでした。

弟が働いて、兄に食べさせていました。

ある年、凶作になり、食べるものがなくなってしまいました。

弟は山に芋を掘りにいき、いい部分を兄に食べさせ自分はツルばかりを食べていました。

ある日、兄が弟に「ごはんが食べたい」といいますが、弟は空腹で動けません。

兄は弟が満腹で寝ているのだろうと思い、弟を殺してしまいます。

しかし、弟の腹のなかは芋のツルばかりでした。

兄は弟のやさしさに気づき、殺したことを後悔し、
ホトトギスになって「弟恋し」と鳴くのです。

夏を告げる渡り鳥

昔ばなしにはいろいろな鳥が登場するが、なかでもホトトギスは多くの昔ばなしに伝承されている。ホトトギスは、昼も夜も大きな声で「キョッキョ　キョキョキョキョキョ」と鳴く。その独特の鳴き声は、「弟恋し」「本尊カケタカ」「特許許可局」などさまざまに聞きなされてきた。この鳥は、人々の心をもっとも強く惹きつける鳥のひとつだ。

ホトトギス（時鳥、杜鵑、郭公、霍公鳥、不如帰、子規）は五月（旧暦四月）中旬に渡来する渡り鳥で、夏の訪れを告げる鳥として愛されてきた。この時期は田植え開始の直前にあたるため、ホトトギスは農作業の開始時期を知らせる鳥として、五月鳥《さつきどり》、田植鳥、早苗《さなえ》鳥《どり》、田歌鳥《たうたどり》などとも呼ばれている。

また、五月下旬から六月上旬（旧暦四月下旬から旧暦五月上旬）は山芋の収穫期でもある。そこでこの鳥は、五月の節供の食べ物である山芋を掘る時期を告げる鳥ともみなされてきた。日本の各地には、次のような俗信がある（鈴木棠三『日本俗信辞典』角川書店、一九八二年）。

ホトトギスのさかり（鳴く）頃田植えをし、カナカナゼミの鳴く頃に成育し、ミンミンゼミの鳴く頃にやや熟する　（山形）

ホトトギスが鳴くとヤマイモが芽を出す　（新潟・鳥取）

ホトトギスの初音を芋畑で聞くと福が来る　（宮城・広島）

五月五日にヤマイモとタケノコを食べないとタンタンタケジョ（ほととぎす）になる　（熊本）

古来、人々はホトトギスの初音を心待ちにしており、ホトトギスが渡ってくる季節と重なる卯《う》の花、菖蒲草《あやめぐさ》、橘《たちばな》などとともに多くの和歌を詠《うた》っている。

春過ぎて　夏来向《きむか》へば　あしひきの　山呼び響《とよ》め　さ夜中に　鳴く霍公鳥《ほととぎす》
初声《はつこえ》を　聞けばなつかし　菖蒲草　花橘《はなたちばな》を　貫《ぬ》き交《まじ》へ　蘰《かづら》くまでに
里響《さととよ》め　鳴き渡れども　猶《なお》ししのはゆ

春が過ぎて夏が近づくと、山に響かせて夜中に鳴くホトトギス、その初声を聞くと心ひかれる。菖蒲草と花橘を緒に貫《つらぬ》いて髪飾りにするときまで、里中に響かせて鳴き渡るけれど、それでもなお思い慕《した》われる。

（万葉集　巻十九－四一八〇）

霍公鳥　汝が初声は　われにもが　五月の珠に　交《まじ》へて貫かむ

ホトトギスよ、おまえの初声は私にください。五月の橘の実と一緒に紐に通したいから。

（万葉集　巻十－一九三九）

あの世の死者の声を伝える

ところが、このような明るい夏の鳥として好まれる一方で、ホトトギスは「冥土の鳥」「魂迎《たまむか》え鳥」などとも呼ばれ、あの世とこの世を行き来する鳥、死者の便りをもたらす鳥ともみなされていた。

なき人の　宿にかよはば　郭公　かけて音にのみ　なくと告げなん

亡き人の宿に通うというなら、ホトトギスよ。私はずっと泣き続けているとあの人に告げてほしい。

（古今和歌集）

しでの山　越てきつらん　時鳥　恋しき人の　うへかたらなむ

死出の山を越えてきたのだろう、ホトトギスよ。恋しい人のことを話してください。

（伊勢集）

このような暗い印象は、ホトトギスが昼だけでなく、夜も鳴くことと関係していると思われる。

江戸時代に日本各地を遊歴した菅江真澄《すがえますみ》（一七五四～一八二九）は、ホトトギスの話にははかない子どもの物語が多いとして、彼が見聞きした幼い男の子の話を書きとめている（「はしわのわか葉」『菅江真澄全集1』未来社、一九七一年）。それによると、五、六歳の男の子がホトトギスの鳴き声を聞いて笑い、「父《とつさ》へ母《かかさ》へ」と鳴いているといったのでみんなも笑ったが、その子は麻疹《はしか》を患って死んでしまった。ホトトギスは黄泉《よみ》の鳥で、あの世から「早来早来《はやこ》」と父母を呼ぶ。初音から血の涙を流して呼ぶので、その子の父母は悲しみに耳をふさいだという。

ホトトギスは死者の魂、あるいはあの世から死者の声を伝える鳥だと考えられてきた。ホトトギスの初音を便所で聞くと不吉だとされるのは、便所という出入り口を通してあの世に呼び込まれる危険性があるからだろう。また、ホトトギスの昔ばなしに人間が死んでホトトギスに生まれ変わったとする前世譚《ぜんせたん》が多いのも、そのためだと思われる。

ホトトギスと兄弟——強欲な兄のなれの果て

ホトトギスの前世を語る昔ばなし「ホトトギスと兄弟」は、青森から鹿児島まで広く伝承されている。

まあ兄弟があったわけでしょ。それで兄が盲なんですって。弟がまあ普通の人でね、両親が亡くなって、そいで弟はね、いつも行っては、芋を掘って来て、兄にいいとこ食べさせるんですって。そしたら、兄はね、弟が自分で悪いとこばっかり食べてんのにさ、「私にせ、こんなうまい物、食べさせるんだから、弟のやつ、どんなうまい物食べてね」。せえ言ってね、弟殺したんです。そして、人から、そんな腹ん中見てもらったらね、芋の青いとこばっか食べてさ、兄さんにいいとこばっかり食べさせていたのが、わかったんですって。

だから節句の前の日に殺したんだからさ、今でも時鳥、「明日節句しょ。弟恋し」って鳴くって言うんでしょ。

（新潟県東頸城郡《ひがしくびき》　福田晃『昔話の伝播』弘文堂、一九七六年）

ホトトギスはほかの鳥が食べない毛虫を好んで食べるため、ゲテモノ食いの鳥といわれる。口が大きく、真っ赤な口中がみえるほど大口を開けて飛びながら、夜中まで切迫した声で鳴き続ける。そのようなホトトギスは、弟の腹を裂いて殺した強欲な兄が化したものだという。

弟殺しの原因となった食べ物は、山芋である。だからホトトギスは山芋の季節になると、悲しい声で「弟恋し」「弟恋し、薯《いも》掘って食わそ、弟恋し掘って煮て食わそ」と鳴く。あるいは「包丁かけたか」「おと喉（腹）突っ切った」「弟ぁあっちゃ飛んだか、こっちゃ飛んだか」などと叫び、昼も夜も八千八声《はっせんやこえ》ずっと鳴き続けて血を吐くという。正岡子規《まさおかしき》が、喀血《かっけつ》に苦しみながら俳句を詠み続ける自分をこの鳥に見立てたのも、このような伝承に基づいている。

小鍋をめぐる対立

菅江真澄による岩手地方の巡遊日記（一七八六年）のなかに「ホトトギスと兄弟」の昔ばなしとよく似た話が、継兄弟のあいだの話として記録されている。

兄は亡き妻の子、弟は後妻の子。弟は兄が外出しているあいだに小鍋焼《こなべや》きという料理をして食べ物を煮ていた。それを兄にみせまいとあちこちもち歩き、物陰に隠れて一人で食べたところ、腹が苦しくなって転げまわり、背中が裂けて狂い死んだ。この弟の魂がホトトギスとなって「あっちゃとてた、こっちゃとてた、ぼっとさけた」と叫び鳴く。それでホトトギスを小鍋焼《こなべやき》という。

（菅江前掲書　要約）

これは、この地方でホトトギスを「小鍋焼」と呼ぶ理由を語る由来譚だが、食べ物を独り占めした欲深い弟が死んでホトトギスになったという。このタイプの話は「ホトトギスと小鍋」と呼ばれ、報告例はきわめて少ないが昔ばなしとしても伝承されている。

昔、継母が大変に娘をいじめて、ある日娘が遊びに出ている間に、炊きたてのご飯のいっぱい入っている鍋を奥へ隠しておいた。そこへ娘が帰ってきて、おなかが空いた、ご飯が食べたいというと、継母はご飯はないといって、その鍋を持ったまま「あっちゃとてたー、こっちゃとてたー」といいながら鳥になって、表へ飛んで行ったという。

（青森県下北《しもきた》郡　関敬吾『日本昔話大成』1、角川書店、一九七九年）

ここでは継母と継子の話となっており、鍋を独占しようとした継母がホトトギスになったとされる。小鍋の食べ物をめぐる対立の結果、一方が鳥になったという話は古くから存在していたらしく、平安時代末期の歌学書である『袋草子《ふくろぞうし》』や『夫木和歌抄《ふぼくわかしよう》』（一三一〇年ごろ）の和歌にその断片がみられる。

鶯《うぐいす》よ　なとさは鳴《な》くそ　ちやほしき　小鍋やほしき　母や恋しき

（袋草子　巻四）

これは、継母のもとにいたとき小さな土鍋があったが、継母は実子には与えて、継子には与えなかったというので、鶯が鳴くのを聞いて詠んだ歌だ。

かかりける　みのりの花ぞ　うぐひすよ　小鍋をほしと　何おもひけん

法華経《ほけきよう》と鳴く仏法《みのり》の鳥、鶯よ。仏法を悟った鳥なのになにを思って小鍋が欲しいといって鳴くのだろう。

（寂蓮法師　夫木和歌抄　巻二）

これらの歌からは、継母に迫害されて小鍋の食べ物を与えられなかった継子が、ウグイスになって小鍋を求めて鳴くという話の存在がうかがわれる。この話では、鳥になったのは加害者（継母）ではなく、小鍋を隠された継子の方で、その鳥はウグイスだとされている。

ウグイスになった継子

これとよく似た話は、継子いじめの昔ばなしのひとつである「継子と鳥」の話として現在も広く各地に語り伝えられている。継母が夫の留守中に継子を迫害して殺したが、殺された継子がウグイスとなって、あるいはウグイスが鳴いて父親に真実を告げるという話である。

継母が父親の留守に子どもたちを殺そうと企んだ。大釜に火をどんどんと焚いて、湯をグデングデンに沸かし、その上に丸太棒を渡して、一番上の兄に渡れという。兄が渡るとぐれんと棒をまわし、熱湯へ落として殺してしまった。二番目の子も三番目の子も、そうやって殺した。それから殺した三人を、土間の隅、庭の松の木の下、流しの下に埋めた。そこへ父親が帰ってきて子どもたちはどこかと聞くが、知らん振りしている。ところが父親が足を洗おうと流しへ来ると、「父親恋し、ホケキョ」という叫び声がする。土間でも庭でも、同じ声が聞こえる。そこを掘ってみたら、三人の子どもの死体が出てきたので、父親は泣いて継母を斬り殺した。

（秋田県角館《かくのだて》「羽後角館地方昔話集」『旅と伝説』14巻5号、一九四一年　要約）

「ホトトギスと兄弟」「ホトトギスと小鍋」「継子と鳥」などの一群の昔ばなしは、どれも同じ物語を異なるやり方で表現しているようにみえる。兄弟、継兄弟、継母と継子は、食べ物などをめぐって対立する。貪欲《どんよく》な兄や後妻の子や継母は、ホトトギスとなって大きな口を開けて血を吐くまで鳴き続け、やさしくあわれな弟や継子は、ウグイスとなって美しい声でさえずると考えられてきたようだ。

醜いホトトギスと可憐なウグイスは、正反対の性質をもちながら兄弟あるいは継兄弟、継母と継子のような、きわめて緊密な一対を構成している。

見るなの座敷――ウグイスは山の神

では、食べ物をめぐって対立するホトトギスとウグイスの一対は、いったいなにを表しているのだろうか。

ウグイスは、その初音によって春の訪れを告げる鳥である。春を待つ人々に愛されて、古くから梅の花や霞《かすみ》、春の雪などとともに多くの歌に詠まれてきた。昔ばなしにも、ウグイスが登場する「見るなの座敷」または「ウグイスの里」と呼ばれる話がある。

野山の雪も消えて白い梅が咲くころ、一人の若者が山仕事に出かけ、ウグイスの鳴き声をたよりに笹藪のなかに入る。すると小さな家があって美しい女の人がいた。たいへん住みよいので、若者はその家で暮らすようになった。ある日、女の人は「十三番目の座敷には行かないでください」といって出かけた。若者が一番目の座敷をのぞいてみると、そこでは小人が種まきをしていた。つぎつぎに十二の座敷をみたが、みんな小人たちが稲刈りやいろんなことをして働いている。ついに十三番目の座敷へ行くとそこはウグイスの座敷で、白い梅赤い梅が咲きウグイスが卵を産んでいるところだった。「ここをみなければいつまでも長者の暮らしができたのに……。私はあなたの赤ちゃんを十三人も産んだのです。これはお別れのお土産《みやげ》です。では、さようなら」そういって、娘は小さなウグイスの姿になって飛んでいってしまった。若者がふとあたりを見まわすと、家はなく笹藪のなかに立っている。山から下りると村の様子もすっかり変わっていたので、若者は土産の十三の餅を食べ、ウグイスになって夫婦で遠い国へ飛んでいった。

（福島県安達《あだち》郡　片平幸三編『日本の民話』3、未来社、一九七六年　要約）

若者が山奥のウグイスのすみかを訪れてもてなされるが、禁止されていた部屋のなかをみたためにウグイスとその家は消え去ってしまう。ここにあげた福島の例では、最後に若者もウグイスとなって妻とともに飛んでいくが、多くの類話では男性は一人でもとの世界にもどったと語られる。

ウグイスの家を訪れた男性は、「長者の暮らし」のような豊かな生活をする。そこにある十二の座敷には、種まきから稲刈りまでの一年間の生産活動がおさめられていた。ここは人間が働かなくても奥の座敷からどんどん食べ物が生み出されてくるような、楽園的な世界なのである。各地の類話をみると、十二の座敷では正月や初午《はつうま》、雛《ひな》祭りなど、一年の各月の行事が行われていたとも語られている。またウグイスの秘密が隠された場所は、倉や箪笥《たんす》の引き出しのなかとも伝えられる。福島のほかの話では、四つの倉のうち一番目の倉のなかは夏景色、二番目は秋景色、三番目は冬景色、四番目の倉のなかではウグイスが梅にとまって鳴いていたという。この世界の主であるウグイス（女性）は、食べ物を無尽蔵に生産する力をもち、さらに一年（十二ヵ月あるいは十三ヵ月、春夏秋冬）の季節の循環をもつかさどる存在であることがわかる。

新潟県の類話は、ウグイスの家がじつは「山の神様の座敷」であると伝えている。つまり、ウグイスは山の神の使い、あるいは化身だと考えられていたのだ。ウグイスが一年を表す十二（十三）の座敷を支配するように、山の神もまた「十二様」などと呼ばれ、一年十二ヵ月になぞらえた十二人の子をもつ女神であるとされる（武田久吉『農村の年中行事』龍星閣、一九四三年）。このことは先にあげた福島の話で、ウグイスが十三人の子どもを産んだと語られていることとも呼応する。

吉田敦彦氏は、ウグイス＝女には食糧生産の主、季節の主としての性質が認められるとし、彼女と山の神との同体性を指摘している（『妖怪と美女の神話学』名著刊行会、一九八九年）。日本の農村では、春になると山の神が里に降りてきて、田の神となって作物の成育を見守り、収穫を終えた秋の終わりに山に帰ってまた山の神になる、という山の神（＝田の神）去来の信仰があった。吉田氏によると、里に来て春の訪れを告げるウグイスは、ちょうどこの時期に里に降りてきて田の神になると信じられていた山の神と重ね合わされたのだろうという（『日本の神話』青土社、一九九〇年）。

田に降りてくる山の神

山の神＝田の神の去来信仰をもつ農村では、毎年春のはじめに田の神を迎え、田に送り出す祭りを行う。そして秋の収穫後に田での労苦に感謝して家に招いてもてなし、山や天に送り帰したり、家の神座に鎮まっていただく祭りを営んできた。

その代表的なものが、奥能登《おくのと》地方で二月と十二月（旧暦一月と旧暦十一月）に行われる「アエノコト」である。たとえば十二月五日のアエノコトの日には、家の主人が田んぼへ田の神を迎えにいく。神を家に連れて帰ると、まずは囲炉裏端《いろりばた》の席で暖まってもらい、それから風呂場に案内して入浴していただく。そのあと床《とこ》の間《ま》の種俵《たねだわら》に寄りつかせ、さまざまなご馳走《ちそう》を出してもてなす。この神の特徴について、堀一郎氏は次のように報告している。

田の神は片目の神とも座頭神とも一般に信じられている。それは米粒には稲の芽——これをキビス（踵）と呼んでいる——が一つしかないから片目だといったり、久しく田の中に入っているので眼がくらい、あるいは苗葉で眼をつかれたのだとも説明する。それでこの祭りの全体のもてなし方には、眼のわるい神に対する配慮が強く見られる。

（堀一郎「奥能登の農耕儀礼について」『新嘗の研究』1、学生社、一九七八年）

アエノコトの田の神が盲目とも、片目であるとも信じられていることは、日本の山の神が多く片目あるいは片足の神と伝えられていることと共通する。

ところで、昔ばなしなどに登場する山姥は、山の神の変化した姿の一つであると考えられているが、この山姥がやはり盲目になったと語られることがある。次にあげるのは、昔ばなし「食わず女房」である。

男が飯食わぬ女房が欲しいと思っていると、そのとおりの女が来る。米が減るので天窓から覗くと、飯を大釜で炊き、鯖五本も焼いて髪をほどいて頭の口にほうり込む。隣の爺に相談すると、山姥だから追い出してやるという。爺が行くと山姥は病気だといって鉢巻きをして寝ている。爺が「魚食うた罰、飯食うた罰」と呪うと、山姥が怒って追いかけてくるので風呂桶の中に逃げこむ。山姥は桶を担いで山に行くので、途中で松の枝にくいついて逃げ、草むらの中に逃げる。山姥は追ってきて、そこの菖蒲《しょうぶ》と萱《かや》と蓬《よもぎ》で目を突いて死ぬ。その日が五月節供で菖蒲と萱と蓬で祝うようになる。

（和歌山県伊都《いと》郡　関敬吾『日本昔話大成』6、角川書店、一九七八年）

多くの類話で食わず女房＝山姥は、菖蒲や蓬の葉先を目に刺して死ぬ、または盲目になった。これが、端午《たんご》の節供に魔除《まよ》けとして軒に菖蒲と蓬を飾る起源になったという。

このような食わず女房＝山姥の「盲目」という特徴は、「ホトトギスと兄弟」の昔ばなしで、弟を殺してホトトギスになった兄が盲目であったことを思い起こさせる。山姥もホトトギスも、五月の節供の時期に出現する点でも一致している。食わず女房＝山姥が、頭上の真っ赤な口を大きく開けて大量の食べ物や人間まで呑《の》み込もうとする貪欲な姿は、食べ物が欲しいあまりに弟を殺してホトトギスになった貪欲な兄が、大きな赤い口を開けて鳴き続ける姿と重なり合う。

ホトトギスの兄の盲目という特徴は、このような山の神の特徴と結びつくものなのではないだろうか。春を告げて鳴くウグイスが、春に里に降りてくる山の神＝田の神の化身とみなされていたように、立夏のころにやってくるホトトギスもまた、田植えの時期や山芋の収穫期を告げにくる山の神の変化した姿であると考えられていたのであろう。

山の神の二つの顔

ウグイスは継母などに虐待され殺されるあわれな被害者であり、ホトトギスは兄弟や継子などを迫害する貪欲で醜い加害者だとみなされてきた。ところがこうしてみると、対照的な性質をもつこの二種類の鳥は、どちらも同じ山の神の化身だということになる。

吉田敦彦氏がくわしく論じているように、山の神（山姥）はまったく正反対の二つの側面をもつ（『昔話の考古学』中央公論社、一九九二年）。一つは人を食い殺す恐ろしい妖怪《ようかい》としての側面であり、もう一つは人々に作物の豊穣や富をもたらす産育と豊穣の女神としての側面である。このような山の神の二つの顔は、次のような春田《はるた》打《うち》の舞（岩手県盛岡《もりおか》市）のなかにもよく表れている。

そのように、春田打の舞には、太夫《たゆう》は若い美女の面を被《かぶ》って、種を下ろし、田をかえし、苗を植え、草を取る、最後に稲刈り、穂運びまでの所作を、静かに能がかりに舞って、いよいよ舞いの手の済む瞬間、その美しい面がさっと下りて、どこに忍ばしていたかわからない真黒な大きな醜いお面に早変わりして終わる。（中略）この最後の瞬間の醜い女の面こそは、私の地方の山の神で、つまり半歳の田の仕事が済むと、若い美しい里の神が、山へ上って、あの山の神になるのだという舞の意味なのであった。

春から夏にかけての、成育の季節の神が若い美しい女の神で、秋から冬にかけて山仕事になる季節の神が、年上のこの意地悪い醜い顔をした山の神なのである。

（金田一京助「山の神考」『金田一京助全集』12、三省堂、一九九三年）

このような山の神の春と冬の二つの姿は、古代の記紀神話にもみることができる。山の神大山祇神《おおやまつみのかみ》（オオヤマツミ）の娘、磐長姫《いわながひめ》（イワナガヒメ）と木花開耶姫《このはなのさくやびめ》（コノハナノサクヤビメ）の姉妹の神話である。

天孫ホノニニギは、海辺で美女に出会った。彼女はオオヤマツミの娘で、コノハナノサクヤビメという。天孫が結婚を申し入れると、父神はイワナガヒメとコノハナノサクヤビメの姉妹二人を差し出した。ところが姉の方は顔が醜かったので遠ざけ、美しい妹とだけ結婚すると、彼女は一夜で懐妊した。イワナガヒメは大いに恥じて「もし私と結婚したら生まれる子の命は永遠だったのに。妹だけと結婚したのだから、子の命は木の花（コノハナ）が散るように短くなるだろう」といって呪った。あるいは「人間の命は木の花のようにはかなく衰えるだろう」といった。これがこの世の人間の命が短い由縁である。

（日本書紀　第九段の二）

この神話で山の神の二つの側面は、子を産む若く美しい女神と、死をもたらす醜く恐ろしい女神という姉妹の姿で表されている。美しいウグイスと醜いホトトギスの兄弟（継兄弟）、親子（継母と継子）は、このような山の神の対照的な二つの側面をそれぞれ受け継いでいると思われる。

ホトトギスは託卵性の鳥で、自分で卵を孵《ふ》化《か》させず、ウグイスの巣のなかに卵を産みつける。このことは古くから知られており、『万葉集』にもこのように詠《うた》われている。

鶯の　生卵《かいご》の中に　霍公鳥《ほととぎす》　独り生れて　己が父に
似ては鳴かず　己が母に　似ては鳴かず……

ウグイスの卵のなかに、ホトトギスがひとりだけ生まれて、父母のようには鳴かないようだ……。

（万葉集　巻九－一七五五）

ウグイスの巣のなかで、ほかのウグイスの卵よりも早く孵化するホトトギスは、生まれて数時間もするとほかのウグイスの卵や雛《ひな》を外に放り出して殺し、巣を独占してしまう。ホトトギスに変身する盲目の兄が弟を殺したように、継兄弟たちをすべて殺してしまうわけである。ホトトギスの雛は親のウグイスよりはるかに大きいが、貪欲にエサを求め、その大きな赤い口で親の嘴《くちばし》にまでかぶりつく。親のウグイスは痛々しく傷つきながら、懸命にホトトギスの雛を育てるという。ホトトギスとウグイスは、実際に血のつながらない親子、兄弟の間柄にあるのだ。

第十二話

鉢かづき姫

顔を覆い隠す花嫁

あるところにお金持ちの夫婦がいましたが、子どもがおらず、
長谷寺の観音様にお祈りしてようやく女の子を授かりました。
しかし姫が十三歳になったときに母親が病にかかり、
母親は観音様の言いつけどおりに姫の頭に鉢をかぶせて、息をひきとりました。
鉢をかぶせられた姫は継母《ままはは》にいじめられ、家を追い出されます。
しかし心やさしい中将に助けられ、風呂焚《た》き女として働くことになりました。
中将の四男の若君が姫のやさしさに気づき、
嫁にもらいたいといいますが、まわりに大反対されます。
しかし二人が駆け落ちしようとしたとき、鉢がとれて、二人は幸せに暮らしました。

鉢かづき姫――死と再生の物語

昔ばなしのなかには、不思議なかぶり物を頭からすっぽりとかぶって顔を隠す娘が登場するものがある。大きな鉢をかぶった「鉢かづき姫」、老女の姿になる皮で頭を覆《おお》う「姥《うば》皮《かわ》」などである。彼女たちはなぜ、このようなかぶり物を身につけて顔を覆い隠さなければならないのか、また奇妙なかぶり物はなにを表しているのだろうか。

鉢をかぶった娘の物語は昔ばなしとして各地に伝承されているが、類話の数は多くない。もっともよく知られているのは、『御《お》伽《とぎ》草子《ぞうし》』（室町時代）に収録された「はちかづき」の物語である。

姫君が十三歳の年、母上は死の間際に泣きながら娘の頭上に手箱を乗せ、その上から肩が隠れるほどの鉢をかぶらせた。この鉢は頭に吸いついて離れない。「鉢かづき」は、父の後妻である継母にいじめられ母の墓前で泣いていたが、ついに家から追い出されてしまう。帷子《かたびら》一枚を着て野にさまよう姫君は、亡き母のもとへ行こうと川に身を投げる。ところが頭の鉢が浮いたため漁師に拾われて生きながらえ、山陰《やまかげ》の三位中将の屋敷で湯殿の火焚きとして働くことになる。

寝る暇もないつらい日々のなかで、中将殿の息子・宰相殿が彼女を見初め、二人は契りを結ぶ。しかし周囲の反対を受け、二人は家を捨てることを決意して涙にくれながらともに家を出ようとした。そのとき姫君の頭の鉢がかっぱと落ちて、美しい容貌とかずかずの財宝が現れた。このあと鉢かづきは、宰相殿の兄嫁たちとの嫁くらべの勝負に勝ち、晴れて宰相殿と結婚し、多くの子どもに恵まれて幸せに暮らした。

（御伽草子）

死の床にある母によって姫君が大きな鉢をかぶせられたとき、彼女は十三歳だった。少女が大人へと大きく変化する時期である。母の死後、父は再婚し、人々はみなもとの日常生活にもどっていったが、「鉢かづき」となった姫君だけは母の面影を慕い続けている。

彼女は継母に家を追い出され、帷子《かたびら》（裏をつけないひとえの着物）一枚で野の四つ辻に捨てられたが、その姿は経帷子《きょうかたびら》をまとい、野辺送りをされる死者のようである。四つ辻も、彼女が身を投げた川も、あの世との境目を意味するところだ。

川から拾い上げられ人里にやってきた彼女を、人々は「頭は鉢、下は人」の「化け物」

「三草紙絵巻」より「はちかづき」江戸時代、国立国会図書館蔵

だと、憎み笑いののしる。彼らが「きっと人間ではない」というとおり、このときの姫君はこの世の者ではない。
姫君は湯殿の火焚きとして働き、つらい試練の時を過ごす。彼女の仕事は湯を沸かし、行水の世話をすることだが、古代から湯は再生の力をもつと考えられていた。たとえば『伊予国風土記《いよのくにふどき》』逸文（湯の郡）には、このような神話がある。

宿奈毗古那命《すくなびこなのみこと》がオオナムチを蘇生させるために、大分の国の速見の湯（別府《べっぷ》温泉）を引いてきて湯浴《ゆあ》みさせた。するとオオナムチはよみがえり、「しばらく寝ていたことよ」といって地面を踏みつけた、その跡がいまも温泉のなかの石の上にある。およそ湯が貴《とうと》く霊妙であることは神代だけのことではなく、いまの世でも人々が病を癒《いや》し長生きするための大切な薬となっている。

（伊予国風土記）

鉢かづきは他者のために湯を沸かしはしても、彼女自身が湯を浴びることはなかった。しかしこの湯殿で宰相殿と出会い、すべてを捨てて二人で家を出る決意をすると、彼らの心のうちに激しく水が沸き立ったことが次のように詠《うた》われている。

（宰相殿）　君思ふ心のうちはわきかへる岩間の水にたぐへてもみよ
（鉢かづき）　わが思ふ心のうちもわきかへる岩間の水を見るにつけても

沸き立つ水（再生の力）が、ここではじめて鉢かづき自身の心のうちに溢《あふ》れ出てきたようだ。この直後、彼女の頭の鉢が落ちて「十五夜《じゅうごや》の月」のように美しい娘が誕生する。鉢かづきの物語は、少女がつらい死の試練を経て、結婚が可能な大人の女性に生まれ変わるための死と再生の物語である。

姥皮――若がえり、結婚する

『御伽草子』の「はちかづき」にきわめて近い内容をもつ話が、「姥皮《うばかわ》」という昔ばなしとして青森県から鹿児島県まで民間に広く伝承されている。

大尽の後妻は先妻の娘を憎んで追い出したが、危ない目に遭うかもしれないからといって、乳母が彼女にばばっ皮というものをくれる。娘はそれをかぶって年寄り婆さのすがたになって家を出て、ある町の旦那の家に水仕女として雇われた。ある夜、娘がばばっ皮をとって風呂に入っているのを若旦那がみつけ、その美しい女のことを思って病気になった。占い師が「若旦那が気に入った者と添わしたらなおる」というので、上女子から水仕女まで若旦那の室に行って薬や湯を勧めるが、若旦那はすぐ寝てしまう。最後に水仕婆さが行くとすぐに見破られる。ばばっ皮をとってみると美しい女になったので、娘はそこの嫁になっていつまでも幸せに暮らしたという。

（新潟県見附《みつけ》市　関敬吾『日本昔話大成』5、角川書店、一九七八年　要約）

ここでも娘は風呂で若旦那と出会ったと語られている。この話では、継母《ままはは》に追い出された娘が乳母から姥皮をもらっているが、ほかの類話では蛇のもとに嫁がされた娘が蛇聟《へびむこ》の死後、山奥で老女と出会って姥皮を与えられたと伝えられることが多い。話の発端はどちらであっても、家を出た娘は「姥皮」をかぶり老女の姿となってさまよう。その姿は「鉢」をかぶった鉢かづきの場合と同様に、娘がこの世の者ではないことを表している。

老女の外見で試練の時を過ごす少女の姿は、宮崎駿監督のアニメ『ハウルの動く城』にも登場する。魔女の呪いによって老女の姿に変えられたヒロインのソフィーが、かぶり物である「帽子屋」の娘とされているのも偶然ではないだろう。

主人公の娘を覆う姥皮は、地域によってはほかのかぶり物とも伝えられる。その場合は、蓑《みの》、頭巾《ずきん》、綿帽子《わたぼうし》、手拭《てぬぐ》い、面《めん》、荷駄袋《にだぶくろ》、着物などで、やはり娘の頭や体を覆うものである。そして、ここに「蓑、頭巾、綿帽子」などが含まれていることが注目される。なぜなら、これらは結婚の儀礼において花嫁が頭にかぶるために用いられるからだ。

花嫁、死者、赤子のかぶり物

今日の結婚式でも花嫁は、角隠《つのかく》し、綿帽子、被衣《かつぎ》などの独特なかぶり物を身につける。より古くは、蓑笠、菅笠《すげがさ》、傘、籠《かご》、鍋蓋《なべぶた》、箕《みの》などをかぶせることも多かったという。

花嫁が婚家に入る時に、両親の揃った男女の子供が各自松明《たいまつ》を入口の地面に置く。

花嫁は、あらかじめ備えている蓑笠を着て、火をまたいで勝手口から入る。
（神奈川県津久井《つくい》郡　近藤直也『祓いの構造』創元社、一九八二年）

菅笠は角を隠すために花嫁が敷居をまたぐ時にかざす。
（宮城県伊具《いぐ》郡　近藤同書）

嫁入り行列を仕立てて到着した花嫁が婚家に入るとき、このように蓑笠を着て入る、あるいはそれをかぶる真似をしたり、その下をくぐって家に入ったりしたことが全国各地で報告されている。

蓑笠は、もともとは花嫁が実家を出るときに身につけ、婚家に入るときにそれを脱ぐというかたちだった。それが簡略化されて婚家の入り口で形式的につけるようになったのであり、本来は道中ずっと蓑笠をつけてきただろうと解釈されている（小松和彦『異人論』ちくま学芸文庫、一九九五年）。

このようなかぶり物で頭や体を覆うのは花嫁ばかりではない。結婚、葬送、誕生などの人生の重要な通過儀礼において、儀礼の主役たちは共通して蓑笠をはじめとするかぶり物を身につける。たとえば死者の場合は、次のようである。

伯耆《ほうき》の西伯《さいはく》郡大高村では、入棺には蓑を衣せ笠を入れる他に、人形をも抱かせる。之を孫を抱かせるといふ。

（鳥取県西伯郡　柳田国男『葬送民俗語彙』民間伝承の会、一九三七年）

シドモチ（青森県）・サガラ（福井県）・キノノ（福岡県）も死者の着物で、イロ縫いに集まった婦人たちが、尻を縫わない糸でひっぱり縫いをし、帷子・脚絆《きゃはん》・手甲《てっこう》をつけさせ頭陀袋《ずだぶくろ》をもたせ、それに眼隠しといって三角のきれを額にあて、笠と杖を添えて道行き姿に装う。

（瀬川清子「晴着とかぶりもの」『日本民俗学大系』6、平凡社、一九五八年）

死者の額にあてる三角形の白紙（角帽子、紙烏帽子《えぼし》、見隠し）や、顔面を覆う白布も死者のかぶり物の一種であり、花嫁の角隠しや綿帽子に相当する。

赤子の誕生の儀礼においては、胞衣《えな》（子宮内で胎児を包む膜や胎盤）がかぶり物（蓑笠）の役割を担っていることが小松和彦氏によって指摘されている。たとえば後産で胞衣がなかなかおりないときに、次のような呪文を唱えるという。胞衣は、赤子がこの世にやってくるときにかぶってきた帽子（蓑笠）なのだ。

後のもののおりない時は、「古里に忘れておきし蓑と笠、おくり給えや観世音菩薩」

という歌を三遍唱える。

（群馬県吾妻《あがつま》郡原町『日本産育習俗資料集成』第一法規出版、一九七五年）

旅のしるし

生まれ落ちる際に赤子を覆っているかぶり物（胞衣）と、婚礼の際に花嫁を覆うかぶり物（角隠し、綿帽子、蓑笠）と、葬式の際に死者を覆うかぶり物（三角の額紙、白布、蓑笠）は、たがいに深く結びついている。小松和彦氏は、このような通過儀礼の際のかぶり物の意味について次のように述べる。

誕生の儀礼においては、エナが蓑笠に相当するものとみなされ、赤子はあの世からこの世への移動のための旅装束としてのエナをかぶって生まれてくる。エナ＝蓑笠のメタファーは誕生という死から生への社会的境界を越えるための道具である。それゆえ、それを生のメタファーともいうことができる。

婚姻儀礼における蓑笠は、娘から嫁への社会境界を越えるための道具であり、社会構造から一時的隔離、儀礼的な死と再生（母体回帰）を示すしるしである。

葬送儀礼における蓑笠もまた同様にして、生者の世界から死者の世界へという社会的境界を越えるための道具である。ここでの蓑笠は死者もしくは死のメタファーとしての機能を帯びているのである。

（小松前掲書）

あの世からこの世へ、娘の世界から妻の世界へ、この世からあの世へと移動するとき、赤子や花嫁や死者は特別な帽子をかぶって顔を隠す。このかぶり物は彼らが通過儀礼のまっただなかにあり、この世を離れて、これまでの世界と新たな世界のどちらにも属さない境界領域を行く旅人であることを表している。

昔ばなしの鉢かづきや姥皮の少女は、鉢や皮をかぶった醜い化け物としてのつらい時を経て、やがて長者の息子の妻となる。彼女たちの異常な姿は、この世の者ならぬ姿を角隠しや蓑笠に隠して新しい世界へと移動する花嫁の旅装束なのである。

子どもを覆う袋

結婚式で花嫁がかぶる蓑笠に関して、小松和彦氏は神奈川県茅ヶ崎《ちがさき》市の例をあげて次のように述べている。

神奈川県茅ヶ崎市高田では、婚家の入口で花嫁に男女の子供が菅笠《すげがさ》をさしかける儀礼が行なわれる。このときの笠をエナと呼び、誕生のときの胞衣と同じ意味であると説明するという。したがって、この地方では、赤子がエナを被ってこの世に移動つまり、〝旅〟してきたと同様に、花嫁もまたエナを象徴する笠をかぶって社会的境界を越えて婚家までの〝旅〟をすると考えられているわけである。つまり、嫁入り道中とは〝死〟と〝再生〟の旅、母体回帰のイメージを帯びた旅なのである。

（小松前掲書）

小松氏が指摘するように、花嫁の蓑笠が赤子の胞衣と同一視されることは、かぶり物に覆われた花嫁が、胞衣に包まれた赤子と重ね合わされることを意味している。通過儀礼の当事者の「かぶり物」と、「胞衣」つまり「母胎内に帰って再生すること」との結びつきは、昔ばなしのなかにもはっきりとみることができる。たとえば、「鉢かづき」の姫君に大きな鉢を与えたのは死に瀕した母親であった。この鉢は母と入れ替わるようにして姫君を包み込み、入水《じゅすい》自殺を図った彼女の命を救い、周囲の男性たちの手から彼女を守る。その一方で鉢の化け物となった彼女と他者との関わりを絶ち、つらい試練に追い込んでもいる。鉢のなかで長い死の時を過ごした彼女がついに鉢を脱ぎ捨てたとき、姫君はだれよりも美しく賢い女性となって再生し、宰相殿と結婚をする。「母の鉢」は、彼女がそのなかで変容し、結婚可能な女性に生まれ変わるための「母胎」としての役割を果たしている(織田尚生『昔話と夢分析』創元社、一九九三年)。

また、「姥皮」の娘を覆うかぶり物も、まさに「母の皮」を意味している。家を出た娘は姥皮に覆われ、老女の姿となって試練の時を過ごし、やがてその皮を脱ぎ捨てて美しい女性として生まれ変わり、若旦那と結婚できるようになる。娘に姥皮を与えたのは「山奥に住むお婆さん・山姥」だと伝えられているが、その正体は以前に助けられた「蛙《かえる》」だったとする例が多い。

娘は蛇から逃れて婆の家に泊まる。婆は娘に婆皮をくれ、長者の庭掃きになれと教える。婆は助けられた蛙。

(兵庫県城崎《きのさき》郡　関敬吾『日本昔話大成』5、角川書店、一九七八年)

蛙は、春に泥のなかから湧き出すようにして生まれ、冬になると土のなかに帰り、春にまた生まれ出る。古墳の壁画に月と蟇蛙《ひきがえる》が描かれたことからもわかるように（福岡県珍敷《めずらし》塚《づか》古墳）、蛙は「死と再生」を繰り返す生き物とみなされてきた。また、おたまじゃくしから蛙へと変身する生き物でもある。したがって蛙婆が与えてくれた「姥皮」には、蛙がもつ再生の力、変身する力が込められていると考えられる。娘はこのような力をもった姥皮（母の皮）に包まれ、大人の女性に変身して生まれ変わる。

米福粟福――袋つきの子どもたち

昔ばなし「姥皮」の類話に、主人公が覆われるかぶり物を「蛙のだんぶくろ（駄荷袋）」（新潟）とする例がある。母親のことを「お袋」というように、「袋」というのは「母胎・子宮」を表すものとしてとてもわかりやすいたとえだ。

この「袋」が重要な役割を果たす昔ばなしがある。「姥皮」や「鉢かづき」に近い継子《ままこ》いじめの話で、「米福粟福《こめぶくあわぶく》」などと呼ばれ、東日本・北日本を中心に分布する。物語は、継母が実子には良い袋を、継子には底に穴の空いた袋をもたせて栗拾いに行かせることからはじまる。

米ん福は先妻の子、粟ん福は後妻の子。継母は娘二人を栗拾いに行かせる。粟ん福は姉の後を行けといわれて歩くと、すぐに栗がたまる。日暮れになっても袋がいっぱいにならないので米ん福は山をさまよう。生母が現われて何でも出てくる袋を与える。村で芝居が行われる。袋から晴れ着を出して見に行った米ん福を殿様が見初《みそ》める。嫁に迎えに来ると継母は粟ん福を出すが、召されたのは米ん福でりっぱな駕籠で城に向かう。

（新潟県栃尾《とちお》市　関同書5）

母を亡くした継子は、破れた袋を携えて山奥に入り、生母の霊と出会って袋を繕ってもらう、あるいは新しい袋をもらって生還する。するとその袋から着物や宝物が出て、継子は美しい娘となって殿様と結婚をする。頭からかぶってこそいないものの、この娘がもつ袋は、明らかに「姥皮」や「鉢」と同じ役割を担っていると思われる。主人公を生まれ変わらせる「子宮＝こぶくろ」の役割である。傷《いた》んだ子袋は機能を回復させ、結婚可能な娘や富を生み出す。

この昔ばなしの主人公の名前は地域によって異なるが、「米福、粟福、糠《ぬか》福」など、「〜ぶく」と伝承されていることが多い。それらのなかで「米袋」「粟袋」（青森）、「糠袋」

（岩手）など、「〜ぶくろ」と呼んでいる地域があることが注目される。「〜ぶく」が本来「〜ぶくろ」だったとすれば、この名は、主人公が袋をもつだけではなく、もともと「袋」と深く結びついた「袋つきの子」「袋の子」としての本質をもつことを示唆している。では、袋つきの子とはどのような子どもをさすのだろうか。

袋子は不吉なのか

日本各地に「袋子」と呼ばれる存在をめぐる伝承や俗信がある。子宮のなかで包まれていた膜（胞衣）に覆われたまま生まれ出た子どものことである。

フクロゴ　袋子　福井県坂井郡雄島村《おしま》（三国町《みくに》）で、頭に袋状のものをかぶって生まれた子をいう。袋子は顔が美しいといわれている。

（福井県坂井郡『総合日本民俗語彙』3、平凡社、一九五五年）

忌　袋子。妊婦は糠袋、茶袋、枕などの袋物を縫ってはならぬ。大阪府泉北郡《せんぼく》では、そんなことをすると袋子を生むという。あるいは袋を破らずに棄てると袋子を生むともいう。この俗信はかなり広くおこなわれている。

（大阪府泉北郡　同書）

袋子はめでたい子だとされる一方で、忌み言葉ともされるような両価値的な存在である（飯島吉晴「胞衣のフォークロア―胞衣の境界性―」『心意と信仰の民俗』吉川弘文館、二〇〇一年）。近松門左衛門《ちかまつもんざえもん》の浄瑠璃《じようるり》『浦島年代記』（一七二二年）には、父の天皇を殺す恐ろしい袋子が登場する。また、奈良時代の大僧正・行基《ぎようき》はじつは忌むべき袋子として生まれたとする記載が、すでに平安中期の文献にみられることが飯島吉晴氏によって指摘されている。

行基菩薩は、俗姓高志《こし》氏、和泉《いずみ》国大鳥《おおとり》郡の人である。菩薩がはじめて母胎を出たとき、胞衣に包まれていた。父母はこれを忌み、彼を木の股の上にあげておいた。一夜を経てそれを見ると、胞衣から出てものをいった。そこで連れ帰って養った。

（日本往生極楽記）

不吉な袋子は、試練を経てうまく生まれ変わることができれば、昔ばなしの子どもたちのように立派に成長してこの世に富をもたらす優れた人となる。このような袋子の姿は、さらに古く『古事記』の神話のなかにも認められる。それは、袋を背負った神——大国主神《おおくにぬしのかみ》である。

袋を脱ぎ捨てて王になった神

古代神話に登場するオオクニヌシは大黒天《だいこくてん》と習合し、七福神《しちふくじん》の一人である大黒様として民間に広く親しまれてきた。背中に大きな袋を負った姿が、この神の特徴となっている。『古事記』の神話でオオクニヌシは、地上世界を農作物が実る豊かな国土に開拓した「国づくりの神」であり、「地上の神々の王」である。しかしはじめから「偉大な国の主（大国主）の神」だったのではなく、その神話のはじまりにおいて、彼はまず「大穴牟遅神《おおなむちのかみ》（大いなる土地の貴人）」という名の虐《しいた》げられた神として登場する。

オオナムチとその大勢の兄弟の神々が結婚相手を求めて稲羽《いなば》の八上比売《やがみひめ》のもとに赴いたとき、オオナムチはまだきわめて無力な神で、兄弟神たちの荷物もちの下男として「袋」を背負わされていた。しかし、そこでサメに皮を剝《む》かれて苦しんでいるウサギに出会い正しい治療法を教えてやると、ウサギはこう予言した。

大勢の兄弟の神々はけっしてヤガミヒメを手に入れることはないだろう。袋を背負っていけれど、あなたこそが獲得するだろう。

（古事記　傍線筆者）

このあとオオナムチは怒った兄弟の神々によって虐げられ、何度も死ぬことになる。オオクニヌシ神話の前半部は、未熟な「袋もち」であるオオナムチが、偉大な「大国主神」となるまでの成長の物語である。昔ばなし「はちかづき」「姥皮」「米福粟福」の主人公たちは死の試練を克服し、立派な娘に生まれ変わって幸せな結婚を手に入れるが、オオナムチの試練は彼女たち以上に過酷なものである。

オオナムチはまず兄弟神たちによって焼け石を抱かされ、火傷《やけど》を負って死ぬ。しかし母神に助けられて生き返ると、今度は木の股のあいだにはさまれて殺されてしまう。母神の助けで再び生き返るが、なおも兄弟神たちに追われ、ついに根の国へと入っていき、そこでさらに厳しい試練を受けることになる。

オオナムチが入っていく「根の国」は、大地の母神イザナミが支配する地下世界で、「黄泉《よみ》の国」とも呼ばれている。イザナミは、国土の島々や山川草木などの世界の万物を産み出した「万物の母」であると同時に、死者の国（黄泉の国）を支配する死の女神でもある。「根の国＝黄泉の国」は大地としてのイザナミそのものであり、すべての生命はここから産み出され、死んで再びここへ帰っていき、もう一度受胎されてまた地上世界へ生まれ出る。つまりここは「死と再生」が行われる場、生命の根源の国である。オオナムチはこの国に入るとき、「木の俣」のあいだを潜《もぐ》っていく。これは根の国がまさに大地の母神・イザナミの「胎内世界」であることを表している。オオナムチは、この世界のなかでは「袋」を背負っているように描かれないが、それは、根の国自体がイザナミの大きな「子袋＝子宮」内世界だからだ。

オオナムチは、ここでスサノヲによる試練を受ける。それは、「蛇の室」「呉公《むかで》と蜂《はち》の室」「土中の洞穴」「八田間《やたま》の大室《おおむろ》」という危険な空間に入るというものだ。これらの空間は、根の国という大きな母胎空間のなかの、小さな子宮的空間であるといえる。彼はこの空間に何度も籠《こ》もっては出ることで死と再生を繰り返しながら、少しずつ成長を遂げ、最後に「根の国」というイザナミの大きな子宮から再び地上世界に生まれ出る。このとき、彼はもう「袋もち」ではない。昔ばなしの主人公たちが「鉢」「皮」「袋」を捨て去ったように、彼も「袋」を手放して、大国主神という新しい名前と地位と正妻を獲得し、国づくりの仕事に着手することになる。

「袋を背負ったオオナムチ」は、「胞衣の袋をかぶった袋子」である。このような袋子は、昔ばなしのなかでは袋をもった米福として、また鉢をかぶった姫君、姥皮をかぶった娘として登場する。そして儀礼のなかでは、角隠しや蓑笠をかぶった花嫁、三角の額紙や蓑笠をかぶった死者の姿で現れる。

彼らはみな、新たに生まれ変わるための通過儀礼の途上にある者たちで、その「かぶり物」のなかで変容を遂げつつ、次の世界に生まれ出るのを待っている。彼らに密着した「袋・鉢・皮・帽子・蓑笠」は、彼らがやがて脱ぎ捨てるべき「胞衣＝子袋」なのである。これらを脱ぎ捨てたとき、彼らは立派な大人、婚家の妻、あるいはあの世の祖先神となって、新しい世界に生まれ出る。

第十三話

一寸法師

脱皮する少年たち

昔々、子どものいない老夫婦がいました。

神様にお祈りして子を授かりましたが、
子どもは一寸（三センチメートルほど）しかなく、いつまで経っても大きくなりません。

ある日、一寸法師は武士になりたいといって、お椀《わん》の舟、針の刀で旅に出ました。

立派なお屋敷で奉公していたところ、鬼が娘をさらいにきました。

助けようとした一寸法師を鬼が飲み込んだので、一寸法師は腹のなかを針で刺しました。

鬼は一寸法師を吐きだし、宝物をおいて逃げていきました。

鬼が落とした打ち出の小槌《こづち》を娘に振ってもらい、一寸法師は大きくなり、
娘と結婚して幸せに暮らしました。

一寸法師――逆転したはちかづき

旅の終わりにかぶり物を脱ぎ捨てたとき、少女たちは美しい大人の女性となり幸せな結婚を手に入れる。このような昔ばなしには、女の子の成長が描かれていた。それでは男の子の場合はどのように語られているのだろう。

『御伽草子《おとぎぞうし》』「はちかづき」（室町時代）の姫君は継母《ままはは》に家を追い出され、悲しみのあまり川へ身を投げる。ところが鉢が水に浮いてしまい、頭を覆う大きな鉢に包まれたまま川を流れていった。姫君を覆って伏せられたこの鉢を、開口部が上になるようにひっくり返してみると、そこには「身体を覆う大きなお椀のなかに入って川を流れる一寸法師《いっすんぼうし》」の姿が現れる。一寸法師は、逆転した鉢かづき姫なのである。

「一寸法師」の物語は、「はちかづき」と同じく『御伽草子』のなかに収録されている。

子どものない夫婦が住吉《すみよし》大明神に祈願したところ、男の子が生まれた。一寸の背丈だったので一寸法師と名づける。十二、三歳になっても身長が伸びない。ただ者ではない、化け物のようだと嘆き、夫婦は彼に出ていくようにいう。そこで一寸法師は、針の刀、麦藁《むぎわら》の柄鞘《つかさや》、椀、箸をもらい、住吉の浦から椀の舟に乗って都へ上り、三条の宰相殿の屋敷に行く。

年月を経て一寸法師は十六歳になったが、背丈はもとのままである。十三歳になる宰相殿の娘を女房にしたいと思い、彼は計略をめぐらせる。眠っている姫君の口に米を塗りつけ、姫君に自分の米をとられたといって訴えると、宰相殿は一寸法師に姫君の追放を命じた。まんまと姫君を手に入れた一寸法師は、彼女とともに都を出る。

荒い風に吹かれて舟が島に着くと、そこに二人の鬼が現れた。一寸法師は、鬼に呑まれては目から出て飛び歩いたので、恐れた鬼は、打《う》ち出《で》の小槌《こづち》、杖《つえ》、鞭《むち》などすべて捨てて逃げだした。そこで一寸法師がその打ち出の小槌をとり、「背が大きくなれ」といって打つと、たちまち大きくなった。その後、姫君とともに都に帰り、内裏《だいり》に召されて堀川の少将となる。子どもも三人できてめでたく栄えたという。

鉢をかぶった姫君と同様に、一寸法師もまた「化け物」と呼ばれ、そのままでは結婚できない状態にある。鉢ならぬ椀のなかに入って海を渡り、通過儀礼の旅に出る。鉢かづき姫は旅の途上で夫となる男性に出会い、ともに試練に耐えたが、一寸法師は自ら詐術を用

渋川版「御伽草子」より第19冊「一寸法師」江戸時代、
国立国会図書館蔵

いて妻となる女性をむりやり手に入れたうえで、鬼退治の試練に臨む。そして、鬼の腹のなかにいったん呑《の》み込まれて出てくるという「死と再生」の過程を経て、もう椀のなかには入りきらない大きな大人の男として生まれ変わり、姫君と結婚できるようになる。

鬼退治の成果である「打ち出の小槌」は、通過儀礼を済ませた一寸法師が、一人前の男の姿に変身するための最後の仕上げとして、魔術的な力を発揮している。

タニシ息子——たたきつぶされる少年

『御伽草子』の「はちかづき」が、昔ばなし「姥皮《うばかわ》」としてより広く伝承されたように、「一寸法師」の場合も、きわめて近い内容をもつ「タニシ息子」が青森県から鹿児島県まで広く伝承されている。これは、タニシの殻に覆われた小さな男の子の話である。

爺が田に水かけに行くと、呼ぶものがあるので水口を掘ると田螺《たにし》が出る。養子にしてくれと頼むので連れて帰り水瓶に入れておく。爺が酒買いに行くのに困っていると、田螺は馬の頭に品物を書いてくくりつけさせ酒屋の前で馬をとめる。店の者はその紙を見て酒を馬にくくりつけてくれる。田螺は店の三人の娘の一人を嫁にもらってくれと頼む。爺がもらいに行くと姉娘は断わる。末娘は父のいいつけだといって田螺の嫁になる。二人は伊勢詣でに行き、咽喉《のど》がかわくので水の中に入る。打ち出の小槌でたたかせるとりっぱな男になる。爺と仲よく暮らし、姉たちは後悔する。

（熊本県阿蘇《あそ》郡　関敬吾『日本昔話大成』3、角川書店、一九七八年）

長者の家に、おれを使ってくれ。どんな難儀な仕事もする、駄賃は水一ぱいに粟一ぱいでよい、と頼むものがある。旦那が出ると下駄の下につぶ（タニシ）がいる。つぶは土間はき、水汲み、木割りなどしてかせぎ椀一ぱいの粟で満足している。長者の三人娘が寝ている間に粟粒を三番娘の唇に塗る。楽しみの粟が盗まれたので、粟を食ったものは嫁にするとわめく。三番娘が嫁になる。二人で海に出かける。つぶが身体に綱をつけさせ、海に入って延命小槌を持って来る。娘がそれでよい男になれとつぶを打つと、二つに分かれてりっぱな男が出る。小槌で家、宝物、大判小判を出して親方衆になる。

（秋田県平鹿《ひらか》郡　関同書3）

柔らかい老女の皮をかぶった「姥皮」の少女は、ここでは硬いタニシ（あるいはカタツムリ、サザエなど）の殻をかぶった少年の姿で登場する。彼はそのままではまだ結婚できない未熟者で、妻を獲得するための通過儀礼のまっただなかにある。鉢や姥皮や椀が少年少女たちを包む母の子宮の役割を担っていたように、タニシ息子もまた殻という母胎のなかで、大人として再生するときを待っている。

一寸法師は鬼退治を行い、鬼の体内に呑み込まれて出てくるというやり方で「死と再生」を成し遂げた。そのうえで鬼から奪った打ち出の小槌によって大人の男へと変身をする。ところが、タニシ息子の場合はそのような試練を経ていないにもかかわらず、打ち出の小槌の魔力で簡単に変身したようにみえる。しかし各地の伝承をよくみると、小槌などのひと振りは、本来は長者の娘が彼を殺すためにたたきつぶす行為だったことがわかる。

途中で娘が田螺を踏みつぶそうとするが、そのつど「夫を足かける」ととめる。家に帰り藁打ち石にのって杵でつぶさせるとりっぱな男となる。二人は安楽に暮らした。

（秋田県仙北《せんぼく》郡　関同書3）

家に帰って嫁とともに神社に行く。嫁がつぶ太郎を下駄で踏みつぶすと、きれいな若者になる。一生幸せに暮らす。

（新潟県長岡《ながおか》市　関同書3）

娘は（田螺の）殻を短刀で割って逃げるとりっぱな侍に会う。おれの殻を割ったのだからあらためて嫁になれというと娘も承知する。家に帰って爺と三人でよい暮らしをする。

（鹿児島県下甑島《しもこしき》　関同書3）

タニシ息子は小槌や石や杵《きね》などでたたきつぶされ、刀で割られ、あるいは足で踏みつぶされて死んだのである。そうして一人前の男となって再生し、結婚相手を獲得した。すでに試練を克服した一寸法師に対しては、打ち出の小槌はその背丈を伸ばし財宝をもたらすが、タニシ息子に対しては殻をつぶして殺す力を発揮する。打ち出の小槌は、人間やものを破壊して価値あるものに生まれ変わらせるための道具なのだ。

宮崎駿監督のアニメ『ハウルの動く城』の女主人公ソフィー（魔法で九十歳の老女の姿になった）に、老女の皮をかぶった「姥皮」の少女の姿が認められることは先に述べた。この物語のもう一人の主人公ハウルは、巨大な虫のような動く城を操る有能な魔法使いである。しかし彼はとても傷つきやすく、なにかあるとすぐ自分の城のなかに閉じ籠《こ》もってしまう。金属の殻に覆われた動く城に籠もって世間との関わりを避けているハウルの姿は、殻に覆われたタニシ息子の姿と重なり合う。

「姥皮の少女」＝ソフィーと「タニシ息子」＝ハウルは、たがいに助け合って成長していく。その過程において、ソフィーは何度も老化と若返りを繰り返し、ハウルの城も解体と再生を繰り返す。『ハウルの動く城』の物語は、脱皮・脱殻しながら成長していく少年少女の物語としての側面をもっているのである（古川のり子「姥皮の娘とタニシ息子の物語——『ハウルの動く城』」『死生学年報』リトン、二〇一三年）。このような「脱皮・脱殻による再生」という考え方は、古く奈良時代の神話にまでさかのぼることができる。

脱皮する神

『古事記』の神話に登場する大国主神《おおくにぬしのかみ》は、地上世界を開拓した国づくりの神であり、地上の神々の支配者でもある偉大な神である。しかしその神話のはじまりにおいては、彼は大《おお》穴牟遅神《なむちのかみ》と呼ばれ、兄弟の神々の従者として扱われていた。

オオクニヌシの神話の前半は、美しいが未熟で弱く虐《しいた》げられていたオオナムチが、かずかずの試練に遭遇し、死と再生を繰り返しながら成長していく物語である。その成長過程で、繰り返し「脱皮による再生」という観念が認められることが吉田敦彦氏によって指摘されている（「『古事記』のオホクニヌシ神話に見える脱皮モチーフと再生」『現代思想』青土社、一九九二年四月）。

オオナムチの物語はまず、「稲羽《いなば》の素兎《しろうさぎ》」の話からはじまる。兄弟の神々が因幡《いなば》の国のヤガミヒメに求婚しにいったとき、オオナムチは荷物袋を担いで従った。すると気多《けた》の岬で、毛皮をすっかり剝《は》ぎとられて苦しむウサギに出会う。ウサギは隠岐《おき》の島から本土に渡ろうとしてサメたちをだましたせいで彼らに皮を剝《む》かれてしまい、さらに意地悪な兄弟の神々から嘘の治療法を教えられ、体中傷ついてしまったという。オオナムチが正しい治療法を教えてやると、ウサギはそのとおりにしてもとの毛皮をとりもどし、「兎神」と呼ばれるようになった。そしてオオナムチこそがヤガミヒメを獲得すると予言した。

この神話のなかでウサギは全身の毛皮を剝かれて脱皮し、死ぬような思いをしたうえで、皮膚を更新して再生し成長を遂げた。吉田氏によればこのようなウサギの「脱皮による死と再生」の話は、このあとに続くオオナムチ自身の死と再生の話と切り離せない関係にある。

ヤガミヒメを奪われて怒った兄弟の神々は、オオナムチを殺そうと企《たくら》む。まず彼を山のふもとに連れていき、「この山の赤猪《あかいのしし》を追い下ろすから必ず捕らえよ」と厳命して、山の上から真っ赤に焼いた大石を転がし落とした。オオナムチはそれを捕ろうとして石に焼き着かれ、全身に大火傷《やけど》を負って死んでしまう。すると彼の母神が天に助けを求め、二人の貝の女神が派遣されてくる。

天の神カムムスヒは蚶貝比売《きさかいひめ》（赤貝）と蛤貝比売《うむかいひめ》（蛤《はまぐり》）を派遣して生き返らせるようにさせた。キサカイヒメが石にこびりついた皮膚を削り取り、ウムカイヒメが体から出した汁を母乳を塗るようにして塗ってやると、オオナムチは再び美しい男となって出歩くようになった。

（古事記）

オオナムチは大火傷を負って皮膚をいったん失った状態で死に、貝の女神たちの治療によって新しい皮膚を得て再生を遂げたので、これは「脱皮による再生」にきわめて近い。このあと彼の復活を知った兄弟の神々によって、オオナムチは樹の内部に入れられはさみつぶされて死ぬが、母神が樹を裂いて彼をとりだし、生き返らせた。これもまた木の皮を密着した皮膚のようにまとい、それを剝ぐようにしてとりだされている点で、脱皮に近い再生のしかたであるという。

吉田敦彦氏は、このようなオオナムチの成長を語る神話に描かれる「脱皮による死と再生」の信仰が、現代のナマハゲ行事のなかにもみられるとする。秋田県男鹿《おが》半島のナマハゲは、かつて広く行われていた「小正月の訪問者」と呼ばれる行事を代表するものだ。青年たちが恐ろしい鬼の面をかぶり、蓑《みの》を着て、「ウォー、ウォー」と大声をあげ、手に出刃包丁をもって「泣く子はいないか」といって訪れてくる。

ナマハゲについて大林太良氏は、ナマハゲを古くは「ナマハギ」といったことをあげ、この行事の主なテーマは「皮はぎ」「脱皮」にあると指摘している（大林太良『神話と民俗』桜楓社、一九七九年）。また、この行事で皮を剝ぐぞと脅かされるのは主として子どもであることから、「ナマハゲにおける脱皮モチーフは、元来は成年式を受ける子供が怪物に皮をはがれることによって再生することを意味していたのではなかろうか？」と述べている。

ナマハゲは子どもの皮を剝ぎとって殺し、「姥皮」の娘や「タニシ息子」のように大人に生まれ変わらせるための儀式でもあったのだ。

おわりに

本書は、「なぞとき神話と昔ばなし」の題で『歴史読本』（新人物往来社　二〇一一年七月号～二〇一二年十二月号）に連載したものをまとめた『昔ばなし　あの世とこの世を結ぶ物語』（山川出版社、二〇一三年）をもとにして作られている。「昔話の論理を読み解く①、②」は、新たに本書に収めたものである。

文庫版を通じて昔話に少しでも関心をお持ちくださった方に、比較的入手しやすいいくつかの本を紹介したい。

＊『日本昔話大成1～12』関敬吾、角川書店、一九七九～一九八〇年

日本全国各地に伝わる昔話の豊かなバリエーションを収集し、昔話に決定版などないことを教えてくれる。これを読んでDVD『まんが日本昔ばなし』全60巻（東宝、二〇一一～二〇一二）を観ると、それぞれの話がどの地方の伝承に基づいているかが分かるだろう。

＊『日本昔話事典』縮刷版　稲田浩二・大島建彦他編、弘文堂、一九九四年

＊『日本伝奇伝説大事典』乾克己、鳥越文蔵他編、角川書店、一九八六年
昔話、また神話・伝説・昔話について丁寧に解説した事典。参考文献も充実。

＊『昔話研究集成1～5』関敬吾監修（小松和彦、福田晃、野村純一編）名著出版、一九八四～一九八五年
これまでの昔話研究における重要な論文が、幅広く収められている。

＊『図説　絵とあらすじでわかる！　日本の昔話』徳田和夫、青春出版社（青春新書）、二〇一四年

＊『ビジュアル版　日本の昔話百科』石井正己、河出書房新社、二〇一六年
日本文学の研究者による昔話全般にわたる入門書。図版が豊富。

＊『昔話と日本人の心』河合隼雄、岩波書店（岩波現代文庫）、二〇〇二年
深層心理学者が昔話に日本人の心のあり方をみる。

＊『人身御供論　通過儀礼としての殺人』大塚英志、角川書店（角川文庫）、二〇〇二年

＊『竈神と厠神』飯島吉晴、講談社（講談社学術文庫）、二〇〇七年
昔話と漫画、昔話と民間信仰・伝承を結びつける新たな民俗学研究。

＊『昔話の考古学　山姥と縄文の女神』吉田敦彦、中央公論社（中公新書）、一九九二年
比較神話学と考古学を結び、日本神話・昔話のルーツを世界に探っていく。

昔話は、神話学、考古学、民俗学、日本文学、心理学など多くの領域で取り扱われることによって、これからも新たな研究成果を生み出していくことができるだろう。

恩師である吉田《よしだ》敦彦《あつひこ》先生、故大野晋《おおのすすむ》先生、連載と書籍化を支えてくださった編集者の聴濤真悠子さん、そして数多ある書籍の中からひろいあげ文庫化へ導いてくださったKADOKAWAの伊集院元郁さんに、心から感謝申し上げる。

本書は、山川出版社より二〇一三年に刊行された『昔ばなし　あの世とこの世を結ぶ物語』に大幅に加筆修正し、改題して文庫化したものです。

引用中、一部、差別的な見解や用語がありますが、伝承本来の内容が伝わるようそのままとしました。

本書中、吸収合併などにより現在は存在しない地名も、参考文献のとおりとしています。

昔《むかし》ばなしの謎《なぞ》

あの世《よ》とこの世《よ》の神話学《しんわがく》

古川《ふるかわ》のり子《こ》

平成28年 9月25日　初版発行

発行者●郡司 聡

発行●株式会社KADOKAWA
〒102-8177　東京都千代田区富士見2-13-3
電話 0570-002-301（カスタマーサポート・ナビダイヤル）
受付時間 9:00～17:00（土日 祝日 年末年始を除く）
http://www.kadokawa.co.jp/

角川文庫 19986

印刷所●旭印刷株式会社　製本所●株式会社ビルディング・ブックセンター

表紙画●和田三造

ISBN978-4-04-400080-6　C0139

角川文庫発刊に際して

角川源義

第二次世界大戦の敗北は、軍事力の敗北であった以上に、私たちの若い文化力の敗退であった。私たちの文化が戦争に対して如何に無力であり、単なるあだ花に過ぎなかったかを、私たちは身を以て体験し痛感した。西洋近代文化の摂取にとって、明治以後八十年の歳月は決して短かすぎたとは言えない。にもかかわらず、近代文化の伝統を確立し、自由な批判と柔軟な良識に富む文化層として自らを形成することに私たちは失敗して来た。そしてこれは、各層への文化の普及滲透を任務とする出版人の責任でもあった。

一九四五年以来、私たちは再び振出しに戻り、第一歩から踏み出すことを余儀なくされた。これは大きな不幸ではあるが、反面、これまでの混沌・未熟・歪曲の中にあった我が国の文化に秩序と確たる基礎を齎らすためには絶好の機会でもある。角川書店は、このような祖国の文化的危機にあたり、微力をも顧みず再建の礎石たるべき抱負と決意とをもって出発したが、ここに創立以来の念願を果すべく角川文庫を発刊する。これまで刊行されたあらゆる全集叢書文庫類の長所と短所とを検討し、古今東西の不朽の典籍を、良心的編集のもとに、廉価に、そして書架にふさわしい美本として、多くのひとびとに提供しようとする。しかし私たちは徒らに百科全書的な知識のジレッタントを作ることを目的とせず、あくまで祖国の文化に秩序と再建への道を示し、この文庫を角川書店の栄ある事業として、今後永久に継続発展せしめ、学芸と教養との殿堂として大成せんことを期したい。多くの読書子の愛情ある忠言と支持とによって、この希望と抱負とを完遂せしめられんことを願う。

一九四九年五月三日